GÉNÉALOGIE DE LA TRÈS-ANCIENNE

TRÈS-HAUTE ET TRÈS-ILLUSTRE

MAISON DE LORRAINE,

PAR LAQUELLE EST JUSTIFIÉ QUE LA LORRAINE
N'EST PAS UN FIEF D'EMPIRE, COMME AUCUNS ONT ERRONÉMENT ÉCRIT, BIEN QUE
D'ORIGINE ELLE SOIT DE L'EMPIRE ; MAIS QUE C'EST SOUVERAINETÉ
QUI NE RELÈVE QUE DE DIEU ET DE L'ÉPÉE, ET QUI NE
TOMBE EN QUENOUILLE TANDIS QU'IL Y A DES
HOIRS MALES DE LA MAISON.

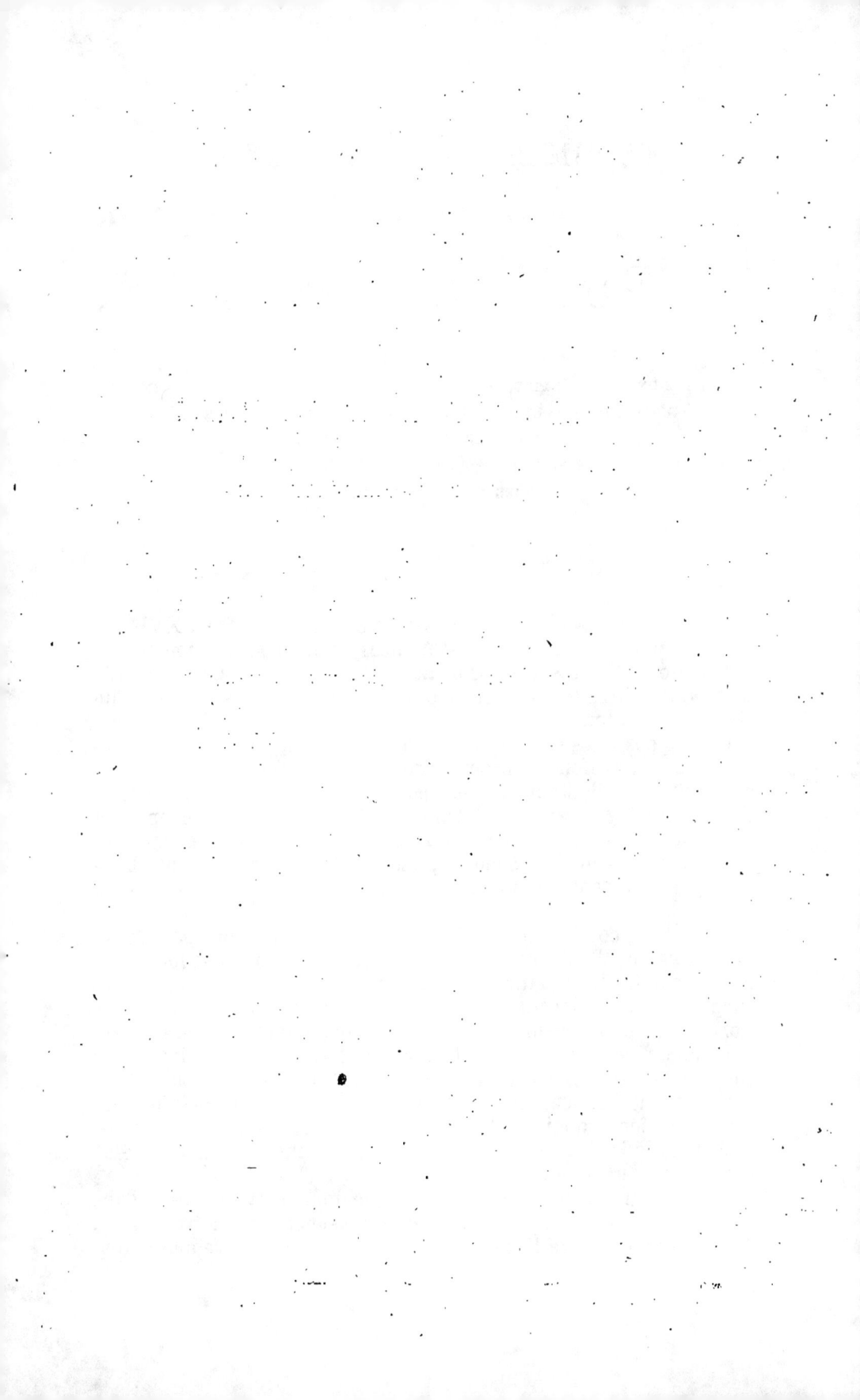

GÉNÉALOGIE DE LA TRÈS-ANCIENNE

TRÈS-HAUTE ET TRÈS-ILLUSTRE

MAISON DE LORRAINE,

Par laquelle est justifié que la Lorraine
n'est pas un fief d'Empire, comme aucuns ont erronément écrit, bien que
d'origine, elle soit de l'Empire ; mais que c'est souveraineté
qui ne relève que de Dieu et de l'épée, et qui ne
tombe en quenouille tandis qu'il y a des
hoirs males de la Maison.

L'ORIGINE de la Maison de Lorraine a été, au XVe et au XVIe siè-cle, l'objet de controverses animées et d'un grand nombre de publications. Ces discussions n'ont plus pour nous qu'un intérêt rétrospectif ; atteindre et saisir le plus vraisemblable, sinon la vérité absolue, c'est tout ce que nous demandons. Mais au XVIe siècle, alors que nos ducs élevaient des prétentions à la succession des Valois, dans la profonde obscurité qui couvrait encore ces questions d'origine, est-il étonnant que les écrivains lorrains, Champier, Ed. du Boulay, les P.P. d'Aulcy et Saleur, etc., désertant, ou ignorant peut-être la tradition des premiers chroniqueurs du moyen âge ; Richer de Senones, Jean de Bayon, etc., aient cherché à faire descendre cette Maison en ligne directe et masculine de Charlemagne ?

Toutefois, ce qui a lieu de surprendre, c'est que des écrivains, qui paraissent d'ailleurs des hommes sérieux et de bonne foi, s'appuyant sur les imaginations du roman de *Garin le Loherain*, aient enchéri sur leurs devanciers, et fait remonter la filiation des ducs de Lorraine jusqu'à Priam et aux Troyens, en passant par Jules César.

L'auteur inconnu, dont nous publions le manuscrit, écrivait sous Charles IV, au moment où les esprits lorrains étaient le plus montés contre la France. Il adopte toutes les chimériques opinions de ses devanciers, quoique déjà battues en brèche par Chantereau-Lefebvre, le P. Vignier et d'autres, et commence son histoire tout bonnement au déluge.

Les écrivains français de cette époque donnaient, du reste, dans le même travers : cela vient un peu à la décharge de notre auteur. En 1539, un édit de François Ier ordonna, pour la première fois, la tenue, dans toutes les paroisses, de registres établissant l'état des personnes. Le nom patronimique, l'ancienneté d'origine, l'illustration des ancêtres acquirent plus que jamais une grande importance, et, la flatterie s'en mêlant, les historiens ont dû chercher pour ancêtres, à leurs héros, les personnages les plus anciens et les plus illustres :

> « Voyez de quel guerrier il vous plait de descendre ;
> Choisissez, de César, d'Achile ou d'Alexandre. »

On n'était pas encore corrigé de cette manie au temps de Boileau. L'est-on de nos jours ?

Le document que nous publions appartient à la Bibliothèque lorraine de M. le comte H. de Widranges, de la Société du Musée de Bar. Nous le croyons inédit, et, malgré ses défauts, nous pensons qu'il valait d'être reproduit dans l'*Almanach de Bar*, à côté de ceux qu'il a déjà fait paraître sur l'histoire de notre pays.

La reproduction que nous en donnons est aussi exacte que possible, eu égard à la piètre orthographe, et à la ponctuation pire encore du manuscrit. Quelques corrections entre parenthèses, quelques notes au bas des pages, relèveront les principales erreurs.

A Lorraine a eu diverses dénominations et diverses dominations; elle a eu au commencement des rois, et a été appelée Gaule-Belgique, du nom de Belgius qui en était roi, et qu'on dit être descendu de Gallatæus, fils du grand Hercule de Libie, et icelui de Cham et de la reine Galathée, enfants du saint patriarche Noé; elle est appelée Gaule-Belgique, *quasi bellorum gens aut bella gerens*.

Elle fut en après appelée Mosellane, du nom de Mosellanus, prince troyen, cousin de Francus ou Francion, fils d'Hector. Ce Mosellanus fit aussi nommer de son nom la Moselle, et fit fermer de fortes murailles la ville de Metz, qu'il fit appeler *Mediomatricum*, c'est-à-dire mère des trois cités, Toul, Verdun et Trèves, qui sont posées comme en triangle à l'entour d'icelle, et chacune en égale distance environ de dix lieues de Lorraine, et demeura ce nom de Mediomatricum à la ville de Metz jusques au temps que Jules César ayant conquis les Gaules, donna la ville qui était capitale de Mosellane à un chevalier nommé Metius, qui la fit appeler Metz, et fut la Lorraine appelée de ce nom Mosellane pendant près de cinq cents ans qu'elle fut gouvernée par quarante rois et deux ducs de Mosellane, jusques au temps de Pharamond, qui commença à régner l'an de la Nativité du Seigneur 421.

Du depuis les Troyens appelés Scytiens et Neomagi, et par

après Sicambriens à cause d'une cité qu'ils bâtirent en Pannonie, aujourd'hui Hongrie, nommée *Sicambria* et à présent Bude, sous le règne d'Anthenor leur premier roi, *et qui tunc paludes meotidas incolebant*, et de là en Franconie et sur les rivages du Rhin, étant contraints de quitter leur pays, à cause que l'empereur Valentinian-les voulait rendre serfs et tributaires à l'Empire romain, prirent les armes, sous la conduite d'un de leur roi, nommé aussi Francus ou Francion, et après lui de leur roi Pharamond, et s'emparèrent des Gaules, *Franci a nobili Troyanorum sanguine oriundi cum in Francia locis ve finitimis habitarent jugum excutere cœperunt*, dit l'archidiacre des Rosières. Et pour mémoire de Francus ou Francion, appelèrent la Lorraine ou Gaule-Belgique la FRANCE ORIENTALE, pour différence de la Gaule-Celtique, qu'ils appelèrent FRANCE OCCIDENTALE, et l'une et l'autre partie des Gaules furent appelées *France*, pour avoir lesdits Sicambriens gagné leur liberté par les armes. *A libertate armis quesitâ*, dit Paul Æmile, lib. 10, *de rebus gestis Francorum*; Wassebourg, *des Antiquités de la Gaule-Belgique depuis César jusqu'à Pharamond*.

PHARAMOND, fils du grand Marcomier, s'étant fait roi de la France Orientale et Occidentale, l'an de la Nativité de Jésus-Christ 421, en la 27e année de l'empire d'Honorius et d'Arcadius, selon Prosper Acquitanicus, et Sigibertus, *et abbas Vispergensis*, s'étudia à polir et civiliser les mœurs rudes et agrestes de ses sujets, et les apprivoiser à une manière de vivre plus réglée et humaine, *Francorum mores hirsutos vivendique normam hispidam lenivit et composuit*, comme aussi à établir des bonnes lois en tous ses pays, et pour ce faire, il choisit quatre des plus sages et prudents : Salogast, Vuirogast, Velagast et Bodogast, lesquels firent un corps des lois et constitutions nouvelles, qu'ils nommèrent SALIQUES OU SALIGES, prenant nom dudit Salogast qui était le principal des quatre élus. Jo. Tritenius, Philippus Bergamensis, en sa *Chronique*, sous l'année 452, chap. de *Pharamond*; l'archidiacre des Rosières, Duchesnes, t. I, *Script. hist. Fland.*, cap. 4; et lesquels disent qu'entre les lois il y en avait une qui portait expressément que nulle fille ne viendra à la succession du royaume hors qu'il n'y eut autres enfants. *Legem sancivit salicam qua mulieres procul a regno regiaque successione semoverentur*, ainsi qu'il est porté aux anciens volumes de la loi salique conservés au Trésor de France, au chapitre *de Matrimonio ad morganaticum*, en ces termes : *De terra vero salica nulla portio hœreditatis mulieri veniat, sed ad virilem sexum tota terrœ hœreditas perveniat*. Aucuns tiennent qu'elle a été faite par Clovis, et qu'il la fit appeler SALIQUE, à *sala*, fleuve d'Allemagne; autres l'attribuent à Charlemagne et assurent qu'il la fit à Metz,

et lui donna le nom de SALIQUE, de *salia*, rivière qui passe en ladite ville et se va rendre à la Moselle, et tire son nom de *Sel;*
et en effet, cet empereur y fit composer un livre de la loi salique l'an 798. M. Chifflet, en son livre intitulé : *Prœlibationes
ad vindicias Lotharingicas adeo Lotharingiæ Ducatum salici juris
esse putat veluti intra ejus fines sanciti cum franci Flandriam usque effusi juxta saliam fluvium qui Mosellam influit, ob vicinita-
tem fontium gigendo sale fœcundorum sedes fixere indeque sua sen-
tentia Franci cisrhenani salii dicti legesque ab his latæ salicæ
nuncupatæ.* Papire Masson dit toutefois que ce livre de la loi salique ne parle aucunement du royaume ni de sa succession, et
que c'est seulement un droit civil dont usaient les Français;
mais l'opinion commune est qu'elle a été établie pour servir de
loi fondamentale pour l'une et l'autre France, c'est-à-dire pour
la France Orientale, qui est la Lorraine, aussi bien que pour
la France Occidentale, ainsi que la suite de ce discours en la dé-
duction des Rois et Ducs de Lorraine fera voir qu'elle y a toujours été observée par une suite successive de père en fils, du
frère au frère, et de race en race, sans qu'elle ait jamais, par
la révolution des siècles, déchu de sa vigueur ni de son lustre;
cela même est avoué par Louis Chantereau-Lefebvre, disant,
en la page 95 de son livre intitulé : *Considérations historiques sur
la généalogie de la Maison de Lorraine*, que l'Austrasie et la
France Occidentale avaient une même forme de gouvernement,
dont le fondement était la succession masculine. L'opinion de
Belleforest, tome II, livre 2, chap. 91 et 99, et du Bouchet, en
son 3e tome, est : *Ducatum Lotharingiæ salicum esse, nec debere
ad fœminas devolvi.* Genebrale pense qu'elle a premièrement été
établie en la Palestine par Salomon, c'est pourquoi il l'appelle
Salomonicque, et, per sincopem, Salicque; et à l'égard de la France,
on peut tirer à son avantage ces mots mystérieux de la sainte
Écriture, en saint Luc, chap. 12 : *Considerate lilia agri quomodo
crescunt quoniam neque laborant neque nent.*

Pharamond mourut l'an 425, selon l'archidiacre des Rosières,
et selon autres, l'an 431, laissant d'Argotte, sa femme, issue du
roi des Cimbres, un fils nommé CLODION, et fut inhumé sur le
haut mont de Sœrmont (?) en Vosge : *Illius cadaver in Vosagis mon-
tibus conditum, plerique memoriæ tradiderunt*, dit le même des
Rosières, et Wassebourg; Grégoire de Tours, en son *Histoire de
France*, liv. Ier, chap. 9, dit qu'il ne passa pas le Rhin, et fait
commencer la conquête de la France à Clodion le Chevelu, son
fils; et suivant l'histoire de Sulpitius, de Renaux, Frigeridus,
de l'abbé Tritenius, de Nicolas Gille, et de Mayer, collecteurs
des *Antiquités de Flandres*, il n'est pas nommé entre les rois de
France.

CLODION son fils lui succéda, et fut surnommé *le Chevelu*, à cause qu'il portait de grands cheveux, et à Clodion Mérovée, ainsi appelé à cause des taches qu'il avait au visage; et de lui les rois de France jusques à Pepin sont appelés les Méroviens. Wassebourg, liv. 11 des *Antiquités de la Gaule-Belgique*, en la vie de saint Pulchrone et ailleurs; et l'archidiacre des Rosières, *Stemma. Lothar.*, tom. III, cap. 43 et 44, montre que Charlemagne et de suite les ducs de Lorraine, sont descendus de Clodion le Chevelu, et que ses enfants furent déshérités du royaume de France par Mérovée leur tuteur, et ensuite ils dérivent avec autres écrivains lorrains, la maison de Lorraine, de mâle en mâle, de l'empereur Charlemagne, ce que d'ailleurs se justifie par ce qu'en ont écrit plusieurs anciens historiographes, entre autres, Guillaume, archevêque de Tyr, liv. 9, chap. 5; Gabriel du Préau, qui a mis son livre en langue française, et saint Anthonin, archevêque de Florence, en la 2e partie de son histoire, titre 16, chap. 13 et 8; et quelques Espagnols, Rodericus Ximenès, lib. 6 *de rebus Hispanicis*, cap. 21, et Marianna, *Hist. Hispan.*, lib. 9, chap. 20, et pour y parvenir en remontant de degré en degré, ils arrivèrent à Thiéry le Vaillant (duquel, sans contredit, sont sortis les ducs de Lorraine qui sont à présent); ledit Thiéry (1), frère de Henry, comte de Portugal est fils de Guillaume, frère de Godefroy de Bouillon, d'Eustache, et de Baudouin, fils d'Eustache comte de Bologne qui était arrière-petit-fils de Sifrid, fils d'Evrard, duc de Worms, fils de Conrad, duc de Franconie, fils de l'empereur Arnould, fils de Carloman, roi de Bavière, fils de Louis 1er, roi de Germanie, fils de l'empereur Louis le Débonnaire et unique héritier de l'empereur Charlemagne : Paul Æmile, Nicolas Gille, Gagin Lasina et Monstier, disent le même; et Lefebvre, en ses *Considérations historiques de la Maison de Lorraine*, page 330, avoue au moins que Thiéry le Vaillant était issu du sang de Charlemagne du côté féminin, et comme étant fils de Haldevide, laquelle était fille d'Hermengarde, fille de Charles, frère du roi Lothaire.

AUSTRASIUS, duc de Tongres et de Brabant, petit-fils de Charles le Bel, qui défit le roi des Huns, Attila, autrement appelé *Flagellum Dei*, fut établi gouverneur de la Gaule-Belgique

---

(1) C'est ici que les systèmes sont surtout en désaccord. Voici la généalogie adoptée aujourd'hui, d'après les documents les plus authentiques : Thiéry fils de Gérard d'Alsace par Hadwige de Namur; fils de Gérard II de Metz par Gisèle; fils d'Adalbert Ier par Judith de Luxembourg; fils par Hildegarde, d'Eberhard IV, tige de la maison de Lorraine, lequel était frère de Gontrand-le-Riche, tige de la maison de Habsbourg ou d'Autriche. Cette généalogie remonte ainsi jusqu'au patrice Rigomer (Gallo-Romain), qui épousa, vers 630, sainte Gertrude, fille de Pépin-le-Vieux et sœur de Bègue, femme d'Anségise, grand-père de Charles Martel et trisaïeul de Charlemagne.

ou France Orientale par Chilpéric, roi de France, fils de Mérovée, et continué par Clovis, son successeur. Il fut tellement aimé pour ses vertus, que la Gaule fut nommée, de son nom, *Austrasie*, et comprenait alors toutes les provinces, villes, cités et comtés qui s'ensuivent : Cologne, Utrech, Trèves, Mayence, Brabant, Tongres, Gueldres, Clèves, Hollande, Zélande, Liège, Alsace, deçà le Rhin, Artois, Namur, Limbourg, Ardenne, Luxembourg, tout le duché de Bar et ce qu'on appelle LoRRAINE (Wassebourg, en la vie de saint Possesseur, 6e évêque de Verdun, feuillet 59).

CLOVIS, premier roi chrétien oint et baptisé par saint Remy, évêque de Reims, l'an 499 : *à divo Remigio remensi episcopo sacrâ lustratur aquâ Rexque inungitur delapso cœlo per columbam oleo in ampulla flagratissimi odoris quo et hodie Franciæ Reges ungi memorantur.* Le même des Rosières : La sainte ampoule, pleine d'une liqueur céleste lui fut apportée du ciel par une colombe, la tenant en son bec, ou par un ange en forme de colombe, de laquelle lui et ses successeurs rois de France ont toujours du depuis été oints et sacrés, et est encore à présent gardée en l'église et abbaye de Saint-Remy à Reims. Wassebourg, en la vie de saint Vannes, Hincmar et Aymonin, anciens auteurs, disent que la sainte ampoule fut envoyée du ciel pour suppléer au défaut des saintes huiles que les ministres portaient lorsque saint Remy baptisait Clovis; ils disent aussi que Clovis changea d'écu royal, et qu'au lieu de trois crapauds, et comme disent les autres, *de trois diadèmes de gueules, en champ d'argent*, il prit les *fleurs de lis d'or sans nombre et en champ d'azur semés confusément*, et lesquelles furent réduites à trois en la forme triangulaire par Charles VI, au rapport de Dupleix, en la Vie dudit Charles et en celle de Clovis. Romuald, en son *Histoire chronologique*, dit qu'au lieu des trois crapauds, il ne prit dès lors que trois fleurs de lis, selon ledit Hincmar, archevêque de Reims; Paul Æmile dit au lieu de trois crapauds, *trois couronnes de gueules en champ d'argent* ; Triténius, *un lion d'or en champ de sable*, et d'autres *trois croissants* (1).

Clovis, peu avant sa mort, érigea la Lorraine, qu'on appelait *Austrasie*, en royaume, en faisant partage de ses biens à ses quatre enfants, et par icelui ledit royaume obvient à Théodoric ou Théodebert son fils aîné, duquel Charles Mason, duc de Tongres et de Brabant, avait la première autorité qu'on appelait

---

(1) On croit que ce n'est guère que vers l'époque des Croisades que les armoiries furent adoptées. Avant cette époque, sans doute, les peuples, les chefs guerriers avaient l'habitude d'adopter un ornement, un emblème, un signe particulier de distinction ou de ralliement : il y a loin de là au blason. Les armoiries de Clovis semblent donc une pure invention des historiens fantaisistes,

maire du palais : *Pauca de cœteris regibus scribi possunt quippe quod palati majoribus omnis regum potestas esset attributa eoque ignaviœ ac desidiœ reges devenissent ut voluptati tantum operam darent*, disent l'archidiacre des Rosières, et *Magnum Chronicum Belgicum*, fol. 21 et seq.

THÉODORIC ou THÉODEBERT, fils aîné du roi Clovis, fut premier roi d'Austrasie par le partage que le roi Clovis fit de ses terres et royaumes entre ses quatre enfants : Théodoric, Clodomir, Childebert et Clotaire : car il convient de remarquer qu'en la première et la seconde race des rois de France, jusques à Lothaire, frère de Charles, la loi de partage y avait lieu ; que les enfants de Clotaire partagèrent aussi également entre eux le royaume de France et ses autres biens; ceux de Dagobert, de Pépin, de Charlemagne, de Louis le Débonnaire et ceux de Charles le Chauve, cent ans ou environ avant le règne de Hugues Capet, ainsi que rapporte Grégoire de Tours, livre 3e de l'*Hist. de France*, chap. Ier; Aymonin, livre 4e, chap. 27, et livre 5e, chap. 18, *ad annum* 768, et Baronius, *anno* 866. Cassan ajoute qu'encore qu'à la première race des rois, les enfants de France eussent leur partage en souveraineté, néanmoins depuis, en la troisième lignée, cette coutume fut abrogée, et par l'avis des Etats généraux du royaume, il fut fait loi générale que les puînés ne peuvent avoir que des simples apanages leur vie durant, lesquels en défaut de hoirs mâles, reviennent à la couronne ; vient aussi à remarquer ensuite de ce que dessus, que ceux qui ont tenu le royaume d'Austrasie, l'ont possédé en même droit de souraineté que ceux qui possèdent le royaume de France, et sans dépendre les uns des autres, et que ce droit d'apanage n'a été introduit à la monarchie française que depuis l'établissement de la troisième race, qu'il fut ordonné que les puînés ne seraient plus enfants de partage ; qu'ils seraient sujets du roi et qu'ils se contenteraient de jouir pendant leur vie d'une terre pour apanage. Comme outre ce qui est rapporté ci-dessus, de Cassan, le rapporteur du Haillan, du Moulin et les autres, s'étant Mre Chopin, trompé en son livre Ier, titre 2, *du Domaine de la Couronne de France*, de dire que la Lorraine était un apanage de France, finalement vient à noter que depuis ledit roi Clovis, jusques au temps dudit Lothaire, que la Lorraine a été nommée *Austrasie*, sous le règne de plusieurs rois, aucuns d'iceux l'ont possédée conjointement avec le royaume de France, autres séparément, et sans reconnaître ni dépendre des rois de France ; qu'après ledit Lothaire elle a été possédée sous le nom de *Lorraine* par les successeurs dudit Lothaire, et se nommaient *Rois de Lorraine* jusques en l'an 944 que Othon Ier ayant eu guerre avec Louis, roi de France, par traité fait entre eux, ledit Louis promit de ne jamais répéter ni lui quereller ladite portion du royaume de Lorraine que ledit Othon avait nouvellement recouvrée ; c'est ce que fit aussi Lothaire son fils, cédant à Othon II tous les droits que ses prédécesseurs prétendaient avoir en ladite portion du royaume de Lorraine, avec serment de n'y jamais contrevenir, par une conférence qu'ils eurent par ensemble sur la rivière de la Charre, où ils conclurent aussi un traité de paix qu'ils jurèrent de garder inviolablement. *Otto, Imperator et Rex Lotharius convenientes super Charum fluvium pacificantur datis invicem sacramentis et Rex Lotharius Lotharingiam abjurat*, dit Sigisbert, *ad annum* 978. Wassebourg, fol. 18 et au chap. 3 de son Ier livre des *Antiquités de la Gaule-Belgique*; Lasius, en ses *Commentaires sur la généalogie de la Maison d'Austrasie*; Pierre, livre Ier, chap. 2 des *Alliances de la Maison de Lorraine*; Nicolas Clément du Treille, en ses *OEuvres poétiques des Rois d'Austrasie*, Symphorin Champier en ses *Chroniques*, et Scévola et Louis de Sainte-Marthe, 1er tome de l'*Histoire généalogique de la Maison de France*, liv. 2 et 3. Théodoric ou Théodebert mit, pour un temps, comme firent aussi ses successeurs, le siége principal du royaume en la cité de Metz, et pour ce les rois d'Austrasie sont quelquefois appelés *Rois de Metz*; autres fois à Aix-la-Chapelle, et autres fois en la ville de Reims. Il eut pour femme Eusther, fille d'Alaric, roi des Goths; il régna 23 ans, et mourut l'an 537.

THÉODOUL ou THIÉBAUT, son fils, lui succéda au royaume d'Austrasie, lequel ne laissa qu'une fille nommée Berthoare, à l'exclusion de laquelle Clotaire, son oncle, succéda audit royaume, quoiqu'en degré de parenté plus éloigné, en vertu de cette loi salique et fondamentale de l'Etat, qui ne permettait point que la couronne des rois d'Austrasie, non plus que celle des rois de France, couvre les atours et les parures de la tête d'une princesse, mais qu'elle ceigne les lauriers qui couvrent les têtes des mâles de la race des rois : ces deux royaumes étant de même nature et d'égale condition, ce sont ruisseaux d'une même source, branches d'un même arbre, et rayons d'un même soleil. Il régna en Austrasie 5 ans, et à Soissons 45; il mourut l'an 564, et est enterré à Soissons.

SIGISBERT succéda à Clotaire son père; CHILDEBERT à Sigisbert, et à lui THÉODEBERT, second du nom, son fils aîné; aucuns disent qu'il laissa une fille, autres qu'il mourut sans enfants, mais qu'il avait une sœur nommée Theudelinde. Quoi qu'il en soit, que ladite Theudelinde soit sa fille ou sa sœur, il est certain qu'à son exclusion CLOTAIRE, second du nom, cousin dudit Théodebert, succéda audit royaume d'Austrasie en vertu de cette même loi salique, et de même que Clotaire Ier avait été préféré à Berthoare, sa nièce.

Après CLOTAIRE II, DAGOBERT, son fils aîné, succéda ès royaumes de France et d'Austrasie, puis SIGISBERT second du nom, CHILDÉRIC, THÉODORIC troisième du nom, CHILDEBERT second du nom : il eut deux enfants, Dagobert et Clotaire III ; il régna 28 ans et mourut l'an 715. Il est enterré à Nancy (1), comme aussi DAGOBERT son fils qui régna après lui, ainsi que rapporte du Treille.

DANIEL son fils, lui succéda, et à lui CLOTAIRE III, frère de Dagobert ; audit Clotaire THÉODORIC IV, et à lui CHILDÉRIC, où CHILPÉRIC III, surnommé l'*Insensé*. Pendant le règne de ces quatre derniers rois efféminés, Charles Martel gouvernait les deux royaumes en qualité de *maire du palais*, lequel ne se voulut faire roi, quoiqu'il y avait droit comme étant descendu en ligne masculine de Clodion le Chevelu, comme a été dit ci-dessus ; le dernier roi de la lignée de Mérovée fut déjeté du royaume et enfermé en un monastère à Ratisbonne. Wassebourg, au commencement de son *Traité de la noblesse et vertus des Belges*, dit qu'il fut déposé par le pape Zacharie à cause de sa stupidité et mauvais gouvernement, et qu'en lui faillit la lignée de Mérovée, laquelle avait duré 331 ans, et que ceux de la lignée de Clodion le Chevelu commencèrent à régner en la personne de Pépin le Court, père de Charlemagne : ce qui est aussi rapporté ès annales de France, *in Chron.*, liv. 5, chap. 23, et par Andreas Silvius, en sa *Table généalogique des Mérovingiens*. Du Pasquier, en ses *Recherches*, dit que Pépin désirant se faire roi, dépêcha deux hommes d'Eglise au pape Zacharie afin d'interposer son décret et donner avis auquel des deux appartenait mieux le sceptre, ou à celui qui, sans aucuns soins, laissait aller les affaires du royaume à la merci des vents ; ou bien à l'autre qui, avec moindre faveur de parenté que lui, portait toute la charge du royaume, et que Zacharie, qui était sur le point d'appeler Pépin à son aide contre les Lombards, jugea en faveur du second, et que sous ce prétexte, Pépin se saisit du royaume, et fut sacré et confirmé roi par le pape Etienne, successeur de Zacharie, en l'église de Saint-Denys, et le royaume à lui confirmé et à sa postérité.

PÉPIN, fils de Charles Martel, surnommé *le Court* ou *le Bref*, parce qu'il était de petite taille, n'ayant que quatre pieds et demi de hauteur, ainsi qu'écrit Nicole Gille, secrétaire de Louis XI, en son *Histoire de France*, commença à régner en France et Aus-

---

(1) Nancy n'existait certainement pas en 705. Les documents les plus anciens où il soit question de Nancy, ne remontent pas, que nous sachions, au delà du IXᵉ siècle. Mais ce n'était qu'une propriété de campagne ; la ville n'a été réellement fondée qu'au XIIᵉ siècle.

trasie l'an 750; il mourut l'an 768, après avoir régné 18 ans.
Magnum Chronicum Belgicum dit qu'il prit la qualité d'ARCHIDUC
DE LORRAINE ET DE BRABANT, *Archiducem Lotharingiæ et Braban-
tiæ*, ainsi que le rapporte Lefebvre, en ses *Considérations historiques*, page 179, et qu'en la neuvième année du règne de
Chilpéric il fut élu roi de France : la race de Mérovée ayant cessé
à Chilpéric. Pépin ne laissa que deux fils de Berthe, sa femme,
fille de l'empereur Héraclius : CHARLEMAGNE, qui fut roi de
France, et Carloman, roi d'Austrasie. CARLOMAN mourut après
avoir régné en Austrasie trois ans, et par son décès Charlemagne
fut aussi roi d'Austrasie; de plus, il fut aussi empereur des Romains : l'empire ayant été transféré en sa personne aux Français
et Gaulois, et y demeura pendant sept générations, depuis Charlemagne jusques à Louis, fils d'Arnould; en après il fut transféré
aux Germains et Saxons en la personne d'Othon Ier, ou bien de
son père Henry Anceps. Ce nom d'*Empereur* avait été perdu l'espace de 478 ans, depuis Constantin le Grand jusques audit temps.
*Cæsares Bisantii imperio indigni declarantur a Leone quod et ad
Carolum magnum transfertur, hinc divisio Orientis et Occidentis
imperii manavit*; et le royaume de France demeura confus en lui
avec celui d'Austrasie et avec l'Empire ; *Corpore fuit vasto et gi-
ganteo et robusto septem enim pedum proceritatem æquabat*. Il fut
le premier des rois de France appelé *très-chrétien* ; il eut guerre
contre les Saxons par l'espace de trente ans; qu'enfin il vainquit et les contraignit de quitter leurs idoles et prendre la
foi chrétienne ; il fit bâtir vingt-trois églises, fonda trois univer-
sités : Paris, Bordeaux et Pavie, et ordonna les douze pairs de
France. Il mourut âgé de 72 ans en sa cité d'Aix-la-Chapelle, l'an
814, et fut inhumé en l'église Notre-Dame, ayant régné 47 ans.
L'épitaphe qui fut mise sur son tombeau ne contient sinon : *Caroli magni christianissimi imperatoris Romanorum corpus sub hoc
sepulchro conditum jacet inter sanctos. Canone pontificio relatus est*,
Wassebourg et des Rosières; Cassan en ses *Recherches*, liv. 2, se
plaint de deux fautes que fit Charlemagne : l'une, que se conten-
tant que l'Empire fût héréditaire en sa maison, il manqua de ne
l'avoir uni et annexé à sa couronne par une loi fondamentale ;
l'autre, d'avoir, par son testament, fait partage à ses enfants et
par icelui divisé ses États entre eux sans aucunes réserves, chacun ayant droit de posséder également ce qu'il lui avait laissé.

Charlemagne eut pour successeur en tous ses États, LOUIS, surnommé LE DÉBONNAIRE, en l'an 814. *Patre defuncto imperator Occidentis rexque Franciæ constituitur à Stephano 4°. Pontifice-
Romano, Rhemis est inunctus et imperiali diademate coronatus*. Il
renonça au privilége que le pape Adrien avait donné à son pré-
décesseur d'élire les papes, pour reconnaissance de ce qu'il l'avait

défendu de l'oppression que lui faisait Didier, roi des Lombards ; de même que le pape Léon, pour avoir été remis dans son siége par le même Charlemagne, lui donna la couronne impériale et ordonna que l'Empire serait héréditaire à ceux de sa maison, comme dit Cassan, liv. 2, page 9. Il eut trois fils de sa première femme nommée Hildegarde, ou comme aucuns disent, Arménias, fille d'Aubert, duc des Saxons : Lothaire, Pépin et Louis ; deux filles de sa seconde femme, nommée Blanche Fleure, fille d'Ameris, comte de Narbonne : Alix et Berthe ; et de sa troisième, nommée Judich, fille d'Etrico, duc de Bavière, il eut Charles le Chauve. Il régna 26 ans, et mourut l'an 840. Il est enterré à Metz, en l'église de Saint-Arnould. Ses trois premiers enfants le contraignirent de quitter l'Empire pour un temps, et de se faire moine à Saint-Médard de Soissons. (Wassebourg et des Rosières.)

LOTHAIRE, fils aîné de Louis le Débonnaire, commença à régner l'an 841 ; aucuns disent que de son nom ou de celui de Lothaire, son fils, le royaume d'Austrasie fut appelé LORRAINE, pour le pays situé entre le fleuve l'Escaut et le Rhin, par le milieu duquel passe la Meuse, et qu'alors *Regnum à Rheno ad Scaldem pertinebat, mosaque amne medium intersecabatur*, et que, par contraction, on l'appela *Lotraine*, et depuis *Lorraine* (Lefebvre, en ses *Considérations historiques*). Les autres disent que le pays étai dès longtemps auparavant appelé Lorraine, et qu'il a pris sa dénomination d'une petite ville ou château nommé *Lothereick*, situé sur une montagne près de Trèves et près de Jupille et Heristelle : *a Lotharico oppido in quadam rupe excelsa et abrupta posito, cujus adhuc ruinæ ac rudera cernantur non longè à Jupilia et Heristello aliisque terris ac provinciis agro eburnonico finitimis, Germanice Lotrek et postea concisis litteris Lorraine*, ainsi qu'écrit Humbert Thomas, en son Histoire de *Tongris*, et eburonibus, cap. de *Lotharingia*. Ledit Lothaire, après avoir régné douze ans, laissa, pour laisser le monde et entrer en religion en l'abbaye de Prume, près de Trèves, le royaume de Lorraine à son fils LOTHAIRE le jeune, qui fut aussi empereur, et mourut l'an 871, ayant régné 16 ans. Il est enterré à Plaisance en l'église Saint-Anthoine du faubourg.

Il ne laissa qu'une fille nommée Gille, à l'exclusion de laquelle et suivant l'ordre de la loi salique qui ne permet aux filles de succéder tandis qu'il y a des mâles de la maison, quoiqu'en degré plus éloigné, CHARLES LE CHAUVE, roi de France, et LOUIS, roi de Germanie, frères de Lothaire Ier, lui succédèrent audit royaume de Lorraine, et le divisèrent entre eux ; et n'ayant, ledit Louis de Germanie, qu'une fille nommée Ermingarde, qui fut mariée à Régnier, duc de Mosellane et comte d'Ardenne. Le-

dit Charles le Chauve lui succéda aussi à l'exclusion de ladite
Ermingarde en la part qu'il possédait audit royaume de Lorraine. Aucuns disent toutefois que la fille que laissa Lothaire le
jeune était cette Ermingarde ; que Louis le Bègue succéda à son
père Charles le Chauve au royaume de France, et que le royaume
de Lorraine fut, à l'exclusion de ladite Ermingarde et de ses enfants, possédé en commun par les Allemands successeurs de
Louis, et par les Français, successeurs de Charles le Chauve ; et
le plus souvent par des gouverneurs qui furent toujours en guerre
et en querelles, chacun prétendant la part de son compagnon et
de se rendre maître de tout le royaume, jusques à ce que l'Empereur Othon le réduisît sous son obéissance et en chassât les
Français, comme il fit aussi des cités de Metz et de Verdun ; et
sous les empereurs de Germanie il joignit les meilleures pièces
du royaume de Lorraine à l'Empire, mit le reste en duché et en
investit CHARLES DE FRANCE, son cousin-germain, fils de Louis IV,
dit d'Outre-mer, roi de France et frère du roi Lothaire III, en
l'an 981, pour en jouir en sa postérité sous le nom et titre de
DUCHÉ DE LORRAINE, et sans être obligé d'en reprendre que de
Dieu et de l'épée, et fut le premier duc de Lorraine qui porta
l'épée en arme et livrée en signe de liberté, et pour marque
aussi qu'il en jouissait en souveraineté. Il est dit au *Théâtre du
Monde*, traité de *la Lorraine*, qu'Othon II laissa la Lorraine à
Charles de France ; il en donna une bonne partie à l'Eglise de
Cologne et à celle de Liège, et voulut qu'Anvers fût marquisat de
l'Empire ; car auparavant le Brabant était joint à la Lorraine.
Aussitôt que ledit Charles de France fut entré en possession dudit duché, il prit pour devise *un bras armé sortant du ciel tenant
une épée nue en la main*, symbole de souveraineté. Saint Romuald, feuillant, en son *Traité chronologique et historique*,
année 977; Sigisbert, et Wassebourg en ses *Antiquités de la Gaule-
Belgique*, livre 3e : ce qui a fait dire à Rény, en son *Histoire des
choses advenuës en Lorraine*, no 1541, sur la fin : « Que la Lor-
» raine n'est pas un fief d'Empire, ainsi qu'aucuns l'ont soutenu
» mal à propos, quoiqu'elle vienne originellement de l'Empire,
» mais une principauté et souveraineté à part ; » et pour confir-
mer son dire, il allègue que l'empereur, les électeurs, princes,
et états de l'Empire l'ont ainsi avoué par un traité expédié sous
leur grand sceau à Nuremberg, le 26 août 1542, en ces termes :
*Ducatus Lotharingiæ cum suis appertinentiis liber, et non incorpo-
ralis Ducatus erit et manebit semper et a Cæsarea majestate nobis
et Electoribus, Principibus atque statibus sacri Imperii pro libero
et non incorporabili ducatu superioritate et principatu recognosce-
tur nominabitur et habebitur.* Ce traité est rapporté ès *Commentaires de Lorraine* de M. Chifflet, ch. 9. Il est vrai que par ledit

raité, le duc de Lorraine se trouve confédéré avec eux, en deux cas, savoir : en celui de la paix publique, qu'ils appellent *lantfrid*, et en la contribution, à savoir qui se donne contre les Turcs lorsqu'ils attaquent les chrétiens du côté de l'Allemagne ; mais ces deux cas n'emportent aucune supériorité sur lui : il est obligé au premier pour sa conservation, et au second comme prince chrétien, pour exterminer l'ennemi juré de la chrétienté. Wassebourg, feuillet 14, dit le même ; et ne sert non plus ce qu'aucuns disent, que les empereurs ont donné les investitures du duché de Lorraine, et ont obligé aucuns d'iceux à en faire reprise ; étant certain que pour bien connaître de la nature et qualité du fief, il faut toujours recourir à la première investiture par laquelle, suivant ce que dessus, les ducs de Lorraine ne tiennent la Lorraine que de *Dieu et de l'épée* ; et suivant laquelle les autres fiefs doivent être réglés, ainsi qu'enseigne du Moulin en son *Traité des fiefs*. Wassebourg ajoute que par ladite donation que fit Othon à Charles, il est porté que si Charles, qui avait épousé Bonne, sœur de l'ancien Godefroy à la Barbe, allait de vie à trépas sans hoirs mâles de lui et de ladite Bonne, ledit duché retournerait audit Godefroy et à ses enfants mâles qui y prétendaient, à cause de Sigisbert son oncle ; qu'est une autre remarque que le duché de Lorraine a toujours été conservé aux mâles, aussi bien que cette devise, que les ducs de Lorraine ne tiennent ledit duché que de *Dieu et de l'épée*, fait connaître que les femmes qui ne portent l'épée, et qui n'ont autres armes que la quenouille, ne sont capables de succéder au duché de Lorraine. Les anciens ducs de Lorraine portaient pour devise : Toute pour une. *Renati II Ducis equestre vexillum corruscabat intextum armato brachio quod ex nube prodiens strictum ensem protendebat cum inscriptione :* Toute pour une. *Illam porro Epigraphem :* omnes propter unam, *explanabat in vexillo Ducis majori cœlitus salutatæ virginis picta imago cum adjunctis Angeli verbis :* Ave, gratia plena. *Anthonius secundus Dux Renati filius, idem plane ensis symbolum nummis argenteis impressit sed cum Epigraphe :* fecit potentiam in brachio suo, *postquam vero anno* 1525 *hereticos novum Lutheri dogma sectantes ad millia quadraginta Lotharingicæ terræ minantes exercitum apud Chenovillas penitus debellasset. Carolus III Dux hoc alio epigraphe usus est. :* adhuc spes durat avorum, *alludens ad antiquos principes sanguine sibi invictos qui loca sacra in oriente a falsis deorum cultoribus cum laude et fama vindicaverant, ut refert Dominus Chifletius Comment. Lotharing., in fine, cap. lemma Epigraphicum.* Le même est rapporté par Lefebvre, au livre 1er de ses *Considérations historiques*, en ces termes : En l'an 1577, Charles III fit faire une médaille, où, d'un côté, se voit sa représentation en buste armé de toutes pièces, autour sont ses qualités de duc de Calabre, Lorraine, Bar, Gueldres ; au revers, sont les armes couronnées de la maison de Lorraine couvertes d'un bras armé sortant du ciel tenant une épée nue en la main, prêt à décharger un grand coup, et l'épigraphe porte : ADHUC SPES DURAT AVORUM. Il dit aussi que Charles IV, *à présent régnant*, a accompagné la devise du bras armé de ces deux mots latins : *Habeo et habebo*, J'ai et j'aurai : ce que toutefois ne se trouve point, mais bien cet autre : *Fugiant a facie ejus qui oderunt eum.*

Othon, empereur, premier du nom, s'étant rendu paisible possesseur de toute la Lorraine, par la renonciation qu'il contraignit Louis d'outre-mer, fils de Charles le Simple, de lui faire à toutes les prétentions qu'il avait sur la Lorraine ; et Othon II, son fils, ayant aussi contraint Lothaire, successeur de Louis, à renoncer aux prétentions qu'il avait en la Lorraine, avec promesse et serment solennel de n'y jamais contrevenir, ainsi qu'il a été dit ci-dessus et qu'il est rapporté plus au long par Scévole et Louis de Sainte-Marthe (lib. 4, cap. 6), par le continuateur de Regino, et par Wassebourg et des Rosières ; Et voyant ledit Othon, que Charles, frère dudit Lothaire, n'approuvait point ladite cession et lui pourrait quereller la jouissance qu'il avait paisible de la Lorraine pendant le voyage qu'il prétendait faire à Rome pour recevoir la couronne impériale, et d'ailleurs que Charles était en mauvaise intelligence avec Lothaire, à cause de la haine que lui portait sa belle-sœur, la reine Hermine, femme dudit Lothaire, et laquelle avait fait en sorte que ledit Lothaire ne lui avait fait aucun partage, s'avisa, pour attirer ledit Charles à son parti, de lui faire donation d'une partie de la Lorraine (1), qu'il érigea en duché, pour la tenir en tous droits de souveraineté, et sans en reconnaître ni les empereurs ni les rois de France, ni autres que Dieu et l'épée. Scipion Dupleix, historiographe de France, au chap. du roi Lothaire, dit de même, et que l'empereur Othon donna à Charles partie de la Lorraine qu'il érigea en duché avec la souveraineté et sans hommage de l'Empire, combien que quelques autres historiens aient écrit le contraire. Du Treille, en son *Recueil des Rois de France*, au chapitre du roi Louis, et au chapitre du roi Lothaire (977), dit que ce fut pour le tenir en foi et hommage des Césars et à condition qu'il quitterait le parti de France. Du Haillan, Du Pasquier, et même l'archidiacre des Rosières, en di-

---

(1) Il est bien avéré aujourd'hui que la partie de la Lorraine dont il s'agit ici était la Basse-Lorraine, comprenant le Brabant, le Hainaut, etc. La Haute-Lorraine, qui est la nôtre, reconnaissait alors pour ducs les comtes de Bar Frédéric Ier et Thierry, son fils. Il règne sur cette époque de notre histoire dans les vieux annalistes lorrains, une confusion singulière. Notre auteur s'y est perdu à la suite de ses prédécesseurs.

sent autant : *Ut tanquam Cæsarum beneficiarius effectus nunquam fratrem Lotharium seu Franciæ lieges respiceret* ; afin que Charles, rendu vassal des empereurs, ne considérât plus son frère Lothaire ni les rois de France.

CHARLES, surnommé DE FRANCE, frère de Lothaire, roi de France et fils de Louis IV, surnommé d'Outre-mer, et de Gerberge, fille de l'empereur Henry, surnommé le Fauconnier, fut fait duc de Lorraine l'an 982, par la donation qu'Othon II lui fit de partie de la Lorraine qu'il érigea en duché, s'étant retenu ce qu'il avait de meilleur de l'ancienne Lorraine qu'il joignit à l'empire, suivant qu'il a été dit ci-dessus ; mais pendant qu'il jouissait du duché de Lorraine, Lothaire, son frère, roi de France, vient à mourir, et après lui Louis son fils, âgé seulement de 28 ans et n'ayant régné qu'un an. Par leur mort, le trône royal de France étant vuidé, la loi de l'Etat appelait visiblement Charles à la couronne de France ; mais comme les plus grands états sont à la main toute-puissante de Dieu, et qu'il en dispose selon son bon plaisir, renversant en un moment les desseins des hommes, lors bien souvent qu'ils pensent être dans les bonnes grâces et faveurs de la fortune, il arriva que Charles fut rejeté par les Français par la haine qu'ils lui portaient pour avoir pris le parti d'Othon contre la France, et fut aisé à ce sujet à Hugues Capet, qui était maire du palais, de se faire couronner roi par le commun aveu et suffrages des seigneurs de France : ce qu'il fit l'an de grâce 987, quoiqu'il n'était de la race de Charlemagne, ni Français, ains du pays de Saxe, au rapport d'Aymonin, livre 5, chap. 41 et 44. Yves de Chartres, titre 70, et *in Chrón. Carn.* ; Guillaume de Nangis, Paul Æmile, du Treille, Baldouin Bodin, du Haillan et les autres ; même Dupleix, en la *vie de Hugues Capet*, dit que c'est la plus probable opinion, et que d'autres, Prosie, italien, *in purgatorio*, Cantori malicieusement écrit qu'il était fils d'un boucher ; et Jean Villani, florentin, que la plupart tient qu'il était fils d'un riche bourgeois de Paris, issu d'une famille de boucher ou marchand de bestiaux ; même que Vignier s'est trompé d'avoir voulu allégoriser sur le nom de boucher, disant que Hugues le Grand, père de Hugues Capet, fut appelé *boucher* à cause du carnage des ennemis qu'il faisait aux combats, mais non pas en ce qu'il dit avec les deux frères de Sainte-Marthe, que la généalogie de Hugues Capet est assez incertaine au-dessus de Robert le Grand ou le Fou, son bisaïeul paternel ; mais que c'est une des plus illustres maisons du monde.

Charles étant entré en France, pour se saisir du royaume, assisté des Lorrains, Allemands, et de quelques Français, contraignit du commencement Hugues Capet à céder à ses armes,

battit les troupes qui lui disputaient l'entrée de la Champagne et
de la Picardie, se rendit maître des villes de Laon et de Reims;
mais ayant chassé de la dite ville de Laon Adelbert, qui en était
évêque, et y mit un nommé Ancelinus ou Anceanne, qui était
son principal ministre, lequel s'étant laissé pratiquer et gagner
aux présents de Hugues Capet, lui livra la ville de Laon et son
maître un jour de la semaine sainte, afin que l'impiété fût jointe
à sa trahison. Charles fut conduit à Orléans, où il fut mis en une
étroite prison avec sa femme, Agnès ou Anne, fille de Hébert,
comte de Troyes, qu'il avait peu auparavant épousée en secondes
noces, de laquelle il eut deux enfants en prison, Charles et
Louis, et mourut avec sa femme et ses enfants trois ans après sa
détention, l'an 993. Wassebourg et des Rosières disent qu'il fut
fait prisonnier de Hugues par la trahison de l'évêque Ancellin et
envoyé à Orléans. *Noctu Ancellini Episcopi civitatis proditione re-
seratis portis intromissoque Capeto comprehensus in custodiam au-
relianam mittitur*, dit Paul Æmile; voilà comme par la perfidie d'un
seul homme, Charles perdit d'un seul coup la jouissance de ses
propres biens, sa liberté, et la succession du royaume de
France qui lui appartenait légitimement et à l'exclusion de tous
autres par le décès de Louis, son neveu, dernier roi de France
de la lignée de Charlemagne. Le même des Rosières, tome IV,
Hist., cap. 59, rapporte une lettre que Charles écrivit à Hugues
Capet, pour le convier de le mettre en liberté. C'est une pièce
bien pathétique; mais les jalousies de la royauté ne permettent
pas que les oreilles soient ouvertes à la piété et à la commiséra-
tion. Charles eut deux fils, comme dit est, pendant trois ans qu'il
fut détenu en prison avec sa femme : *Quos omnes vix dum ex-
pleto triennio finivisse, Gaguinus est autor.* L'archidiacre des Rosières dit que le bruit fut qu'ils y moururent de poison : *Cons-
tans id temporis fama fuit veneno omnes extinctos circiter salutis
annum 993 ; neque enim Capeto firmum poterat esse regnum*, Charles
ayant été duc de Lorraine treize ans, y compris le temps de sa
détention; mais il laissa de Bonne, fille de Ricuinus, comte
d'Ardenne et de Mosellane, et sœur de Godefroy d'Ardenne ou
l'ancien, dit à la grande barbe, un fils nommé Othon, qui fut
duc de Lorraine après lui; et deux filles, l'une nommée Gerberge, qui fut mariée à Lambert, fils de Regnier au long col,
comte de Louvain et de Hainaut; et l'autre, Hermingarde, qui fut
mariée à Albert, comte de Namur. Voici les termes d'André Mar-
chienne, ancien chronographe, en son *Sintagme*, tome dernier :
*Carolus Ludovici quarti filius primus, Lotharingiæ ducatum recens
conditum accepit anno 981, Aureliæ in custodia decessit anno 993,
e priore conjuge filium reliquit unum ac duas filias; reliqui autem
quos e secunda conjuge instulerat (?) cum ipso in custodia decesserunt.*

Nicolas Gille, l'archidiacre des Rosières, tome IV, chap. 59 ; Paul Æmile, *In hugonœ*, lib. 3, *de Rebus gestis Franc.*; Mayerius, *in Historia Flandriœ* ; et Onumphrius, *in Stemmate Hugonis Magni*, disent le même ; et le même est encore dit au supplément des *Chroniques* d'Aymonin, livre 5, chap. 46, *et hunc annos tredecim Lotharingiœ tenuisse refutans* ; ce que les autres ont dit au contraire, notamment Simphorien qui, *inqui.... diversa posteris tradere est ausus, sed magis assentendi studio quam vera prodendi.* Wassebourg, feuillet 15, dit que ce que dessus fait voir la mutation et instabilité des choses humaines en cent cinquante ans ; savoir, depuis Lothaire Ier du nom, fils de Louis le Débonnaire, jusques à Lothaire, dernier du nom, et de son fils Louis, dernier roi de France du sang de Charlemagne.

OTHON, fils de Charles, se fit couronner duc de Lorraine aussitôt que Hugues Capet eut fait prisonnier son père, et jouit paisiblement du duché. Le *Nouvel Atlas* ou *Théâtre du monde*, traité de la Lorraine, dit que pendant son règne, la Lorraine fut séparée de l'Alsace. Il mourut sans enfants l'an 1004, ayant régné environ treize ans. *Cum salutis ageret annus 1004, Otho Lotharingiœ dux Caroli filius fato concessit nullum relinquens filium qui Lotharingiœ ditionem jure hereditario exciperet.* Et n'ayant jugé ses sœurs capables de lui succéder audit duché, il institua pour son héritier audit duché, Godefroy d'Ardenne (1), son cousin, fils aîné de l'ancien Godefroy à la barbe, comte d'Ardenne, de Bouillon et de Verdun. Bire, livre II, chap. 22, *des Alliances de la Maison de Lorraine*, dit qu'Othon voyant que ses sœurs n'étaient capables de lui succéder, adopta Godefroy, second du nom, son cousin-germain du côté de sa mère, et que son adoption fut confirmée par l'empereur Henry II (2). *Otho Godefridum Arduenatem ex matre consanguineum adoptavit*, dit aussi l'archidiacre des Rosières, cap. 62 ; puis il ajoute : *Henricus Cæsar Godefridi in ducatu adoptionem cæsarea potestate confirmavit spretis sororibus Othonis; scilicet Ermingarda quæ Alberto Namurcensi comiti et Gerberga quæ Lamberto consanguineo Ragneri Montinentium et Annoniæ comitis collocata erat.* Wassebourg en dit autant, et le docteur Chifflet, en son *Traité de la Lorraine masculine*. Et suivant ce que dessus, Godefroy le jeune, fils de Godefroy l'ancien, surnommé à la barbe, ou à la grande barbe, succéda au duché de Lorraine, et rentra la Lorraine à la maison des princes d'Ardenne qui en avaient été hors par l'espace

---

(1) Dit Godefroy-sans-Lignée.

(2) Le royaume de Lorraine, composé des deux duchés, était encore, au moins nominalement, possédé par les empereurs d'Allemagne. Mais leur suzeraineté n'était plus guère reconnue et invoquée qu'en cas de compétitions entre plusieurs prétendants au titre de *Duc*.

de cent cinquante ans, et avait la Lorraine été possédée, tant par les empereurs que par les rois de France sous leurs lieutenants et gouverneurs, qui, souvent, prenaient qualité de *ducs de Lorraine*, jusques au règne de Charles, et fut ledit Godefroy fait duc de Lorraine, comme étant descendu des anciens princes de Lorraine et comme héritier du duc Henry de Lorraine, à l'exclusion des comtes de Louvain et de Namur, qui le prétendaient à cause de leurs femmes, filles de Charles et sœurs d'Othon. Godefroy mourut l'an 1019, et est enterré à Verdun. Aucuns disent qu'il laissa une fille de Gertrude de Bavière, sa femme, nommée Ine, qui fut mariée à un comte d'Augsbourg; autres, qu'il mourut sans enfants, et que cette Ine était fille de Gotheleon. Quoi qu'il en soit, il est constant que Gotheleon, son frère, lui succéda audit duché l'an 1019, à l'exclusion de ladite Ine. Ledit Gotheleon fit tous ses efforts pour ravoir le comté de Verdun, que Frédéric son frère avait donné à l'Eglise; mais il en fut empêché par Conrard Auguste, lequel enfin, pour le contenter, lui donna le duché de Mosellane (1), Frédéric, duc de Mosellane, comte de Bar et seigneur voué de l'abbaye de Saint-Mihiel, étant mort sans avoir laissé que trois filles, Béatrix, Sophie et Pétronille, que la loi du pays rendaient incapables de succéder audit duché. *Frederico Mosellanorum duce mortuo*, dit Sigisbert, *ad annum 1034, quia mares non habebat quibus Ducatus competeret, Gothelo Dux impetrato ab imperatore etiam Mosellanorum Ducatu in Lotharingia potentius principatur.* Le même est rapporté par le docteur Chifflet, en son *Traité de la Lorraine masculine*, page 5. Conrard le fit aussi vicaire de l'Empire, comme dit Jean Daucis. Gotheleon mourut l'an 1044, et est enterré à Verdun, laissant trois fils de Joncha, sa femme, fille de Bérenger III, roi des Lombards, savoir : Godefroy, son aîné, surnommé le Breux ou le Preux, qui fut duc après lui; Frédéric, qui fut premièrement chanoine et archidiacre de Loudun, en après abbé à Mont-Cassin, puis pape sous le nom d'Etienne IX; et Gotheleon qui mourut jeune. Il régna 24 ans en Lorraine, et fut 10 ans duc de Mosellane. *Lotharingorum ducatu annis 24, Mosellanorum 10 positus* (Wassebourg et des Rosières).

GODEFROY surnommé LE PREUX, son fils aîné, lui succéda au duché de Lorraine l'an 1044. Il eut de grandes guerres contre l'empereur à cause du duché de Mosellane, qu'il lui ôta pour en investir Albert (d'Alsace, oncle de Gérard, premier duc héréditaire) son parent; il fit aussi la guerre à Thiéry, évêque de Ver-

---

(1) L'empereur Conrad-le-Salique, donne à Gotheion, déjà duc de la Basse-Lorraine, le gouvernement de la Haute-Lorraine ou Mosellane, devenu vacant par le décès de Frédéric II de Bar, qui n'avait que des filles pour héritières, et qui était d'ailleurs en pleine révolte contre son suzerain.

dun, et prit d'emblée la ville de Verdun, la brûla et la saccagea, et brûla même l'église de Notre-Dame de Verdun; *Virdunum cum Virginis Matris templo incendit Theodorico Episcopo, infensus quod se preterito alium comitatus administrationi preposuisset*; mais depuis il fit de grands biens à ladite Eglise, pour réparer le dommage qu'il y avait fait. Il eut deux fils et une fille d'Agnès, fille de Hugues, comte d'Augsbourg : l'aîné mourut jeune étant ôtage auprès de l'empereur; le second, appelé, Godefroy le Bossu ou au gras col, succéda au duché de Lorraine et au comté de Verdun; et sa fille, nommée Ida, fut mariée à Eustache, comte de Boulogne, et eut en dot le comté de Bouillon. Il régna en Lorraine 26 ans, et mourut l'an 1070. Son corps fut apporté de Bouillon à Verdun, et inhumé en l'église Notre-Dame, suivant qu'il l'avait ordonné. *Anno 1070, Godefridus Lotharingiæ Dux Gothelonis filius decessit; mandavit suum corpus in templo Virginis Matris Virduni a se olim infenso sed jam Episcopi cura instaurato sepeliri* (Des Rosières).

GODEFROY, surnommé LE BOSSU, succéda audit duché et au comté de Verdun l'an 1070. *A Gibbo corporis dehonestamento cognomen sortibus* (?) *sed quanquam corporis deformis esset solertia tamen animique magnitudine et armorum scientia prestans fuit admodum*; ainsi qu'il le fit paraître en plusieurs guerres et entreprises pour le Saint-Siége, ayant pris le parti de l'Eglise contre l'empereur Henry IV; mais il fut tué en trahison par un nommé Richarius, l'an 1078, en la guerre qu'il eut contre Robert de Frise, pour la défense des enfants de Baudouin, comte de Flandre. *Henricis Cæsaris hortatu et clandestino consilio Gibberum per speciem pacis componendæ dola adorsus* (sic) *interfecit.* Il eut pour femme Mathilde, fille de Boniface, marquis d'Etrurie, à raison de quoi il fut marquis d'Etrurie; il régna sept ans, mourut l'an 1077 et est enterré à Verdun.

Aucuns ont voulu dire que n'ayant point d'enfants, il adopta Eustache, comte de Boulogne, auquel il avait marié sa sœur Ida, et que ledit Eustache fut après lui duc de Lorraine; qu'il tint le duché sept ans, et mourut l'an 1085, laissant quatre enfants : Godefroy de Bouillon, et selon aucuns de Boulogne, Eustache, Baudouin et Guillaume. Mais les autres ne mettant point Eustache au nombre des ducs de Lorraine, disent que ce fut Godefroy de Bouillon que Godefroy le Bossu adopta pour son héritier audit duché quelque temps avant sa mort; *Cum se liberis orbum cerneret Godefridum Bulionensem Idæ Sororis et Eustachii Bononiensis comitis filium Lotharingiæ Ducatus hæredem dixit*, dit des Rosières; un autre avant lui avait dit de même en ces termes : *Ipse vero Giberus aliquot annos ante mortem perpendens nullos esse sibi liberos, ex Maltilda conjuge, hæredem sibi in Lotharingiæ du-*

catu dixerat Godefridum Bulionensem Idæ sororis filium quæ Eustachio comiti Bononiensi nupta plures filios ederat. Et ainsi le duché de Lorraine passa de la maison d'Ardenne en celle de Boulogne, après avoir donné en Lorraine quatre princes de ladite maison d'Ardenne : Godefroy sans lignée, Gotheleon, Godefroy le Hardi et Godefroy le Bossu, et rentra dans la lignée de Charlemagne de laquelle était issu ledit Godefroy de Bouillon en ligne masculine, par le moyen de Sifrid, fils d'Evrard, duc de Worms, fils de Conrad, duc de Franconie et fils de l'empereur Arnould, comme il a été dit ci-dessus : ce qui est confirmé que la loi salique a toujours eu lieu en Lorraine ; et plus particulièrement un acte authentique d'une donation faite par ladite Maltilde au chapitre de Verdun, en l'an 1107, tirée des archives dudit chapitre, portant entre autres ces termes : *Ego Maltildis comitessa et ducatrix et filia quondam Bonifacii qui fuit similiter Dux et Marchio, quæ professa sum lege vivere salica*, ainsi qu'il est rapporté au livre intitulé : *Assertor Gallicus Anthonii Dominici*, c. 9, p. 145, et fait voir que ceux-là se sont mépris qui ont soutenu qu'Ida succéda à son père, et qui de là infèrent que cette loi salique n'y était reçue, et que les filles peuvent succéder au duché de Lorraine. Il mourut comme ayant été tué en trahison, comme dit est, l'an 1078, et est enterré à Verdun. *Gibberi corpus Virdunum reversum patris Godefridi sepulchro illatum est ut ipse sub discessum mandaverat.*

GODEFROY DE BOUILLON, fils aîné d'Eustache et d'Ida, sœur de Godefroy le Bossu, succéda audit duché, ayant été adopté par lui, comme dit est. *Gibberi avunculi hæres institutus anno 1078 quo anno Gibberus vita sine liberis excessit.* Guillaume, archevêque de Tyr, lib. 9, cap. 5 ; Paulus Æmilius, lib. 9, cap. 10 ; Lefebvre, pag. 169 et 170 ; ce que de droit il pouvait faire, ne restant aucuns enfants mâles de sa maison, et pourvoir d'un successeur à ses Etats. L'adoption ayant toujours été bien reçue entre les princes pour la succession des royaumes et principautés ; adoptifs *naturalibus preferendos suadet Plinius ad Trajanum in panegerico ; Octavius Augustus, Lucius Verus*, et plusieurs autres, ont parvenu à l'empire par le moyen de l'adoption. Il ne put du commencement jouir dudit duché, à cause que plusieurs princes y prétendaient, et que l'empereur Henry IV croyait avoir pouvoir d'en favoriser qui bon lui semblait, et ne voulait point de bien audit Godefroy, parce que son père et lui avaient porté les armes contre lui pour le Saint-Siège : *Sui juris esse contendebat ducem quem vellet nominare et quod Gibberius sine liberis decessisset et quod ipse cum Eustachio semper Imperatoribus infessi fuissent tam in Lotharingia quam in Italia ex eo factum ut annis amplius duodecim Lotharingia eroetuis*

*jactata sit controversiis quo tempore in manu Imperatoris fuit et
Duce caruerit ; autore Gemblacensi.* Mais ayant gagné les bonnes
grâces de l'Empereur en l'assistant en ses guerres, tant contre
les Saxons qu'en Italie contre les Romains, l'Empereur l'en
laissa jouir, lequel aussi se saisit du comté de Verdun, que
Théodoric, évêque de Verdun, avait ôté à son oncle et à son
aïeul maternel en l'an 1096. Il entreprit l'expédition de Jérusalem avec plusieurs princes chrétiens, qui l'élurent chef de la
croisade qui se fit au concile de Clermont en Auvergne, et se
croisa des premiers ensuite d'un vœu qu'il fit à Dieu, étant en
extrémité de maladie, d'aller en Jérusalem s'il recouvrait
santé, et que, *mox emisso voto salvus fuerit,* dit le même auteur en l'an 1095 et 1096. Le pape Urbain, deuxième du nom,
étant à Clermont en Auvergne, tint un concile auquel il exhorta
tous les princes et autres à l'expédition de la Terre-Sainte. Les
chevaliers qui y allèrent s'armèrent d'une croix faite d'un drap
de couleur de pourpre, qu'il leur donna en signe d'indulgence,
pour être attachée sur leur vêtement à l'épaule droite ; *Unde qui
profecti sunt in eam expeditionem* cruce signati *et ipsa expeditio*
cruciata *vocata est* ; Sigonius *anno 1095 et 1096*, Genebrard *in
Urbano,* et Wassebourg en la *vie de l'évêque Richerus* ; Dupleix,
en la *vie de Philippe Ier, roi de France,* dit qu'elle fut aussi appelée Guerre sainte, parce qu'elle était faite pour le recouvre-
ment de la Palestine et de la sainte Cité. Godefroy y alla avec
Eustache et Baudouin, ses frères, laissant en Lorraine Guillaume son autre frère, pour gouverneur du duché. Wassebourg
dit que, pour subvenir aux frais de son voyage, il vendit le
comté de Bouillon à Albert, évêque de Liége ; et à Richerus,
évêque de Verdun, le village de Mousa avec la ville et château
de Stenay ; mais qu'il ne vendit pas la ville de Metz, comme
Robert Gaignies, Étienne de Lusignan et du Treille ont écrit,
car elle ne lui appartenait. Entre les mémorables expéditions
qu'il fit en la Terre-Sainte, il prit en l'an 1099 la cité de Jérusalem, le jour d'un vendredi, de laquelle il fut élu roi par tous
les princes chrétiens. *Hierosolimorum urbem vi expugnavit in
qua urbe totius nobilitatis consensu Rex fuit declaratus anno
1099.* La ville fut emportée principalement par la vaillance de
Godefroy, lequel se montra si courageux au dernier assaut qu'il
donna à la ville ; *Ut ausus fuerit primus in muros hostium trans-
cendere miraculo virtutis etiam cæteris nostrorum attonitis,* dit
Paul Æmile, et Sigonius : *Godefridus Bulonius Dux Lotharingiæ
qui stupentibus omnibus primus in muros evaserat communi om-
nium consensu Rex est Jerusalem appellatus* ; il méritait bien d'en
être roi comme Charlemagne, l'un de ses devanciers qui l'avait
le premier conquis, ainsi que dit l'auteur de *Ætatibus mundi*

œtate 4 : Carolus magnus multo sudore primus urbem illam vindi-
cavit deinde perditam recuperavit Godefridus. Il mourut l'an 1100,
n'ayant régné en Jérusalem qu'environ un an. En son couronnement, sa modestie fut si grande, qu'il ne voulut pas d'autre
couronne que celle d'épines dont le Sauveur du monde avait eu
le chef couronné. Guillaume, archevêque de Tyr, le rapporte
ainsi ; et entre les récents, des Rosières, Dupleix et Wassebourg.
Le même Wassebourg dit que les anciens ducs de Lorraine portaient en leur écu un CERF ; mais qu'un jour, après la conquête de
Jérusalem, Godefroy de Bouillon étant à la Tour de David, et voyant
voler trois oiseaux par dessus ladite Tour, ayant demandé aux
gens du pays le nom desdits oiseaux, et iceux lui ayant
répondu qu'ils les appelaient *Allérions*, et qu'on disait
qu'ils devaient être tués par un qui, par droit, devait
être roi de Jérusalem, il prit son arc, et d'un seul coup
les tua tous trois, et en mémoire de ce, voulut porter
lesdits *trois allérions sans pieds et becs, en manière de bande*
au travers de son écu d'or ; nec id obmitendum videtur notatu di-
gnissimum Godefridum ad Davidis turrim Hierosolimis tres ale-
riones volilantes una sagitta transfixisse quibus hodie Lotharingiæ
principes in perennem memoriam pro insignibus utuntur. Des Rosières, tome IV, chap. 64 ; ce qui n'est pas sans mystère, puisque
dans ce mot ALLÉRION se trouve le mot de LORRAINE, sans aucun
changement de lettres. Il eut deux femmes : l'une, nommée Si-
bile, fille de Fulcon, comte d'Anjou, de laquelle il eut deux
enfants, qui moururent en puberté ; l'autre, s'appelait Flore,
fille de Holoferne, duc ou roi de Calabre, de laquelle il n'eût
aucun enfant. C'était un prince des plus généreux et acccomplis
de son siècle, et avec cela d'une très-riche et haute stature,
combien qu'il fût un peu grêle à proportion d'icelle. Il mourut
le 15 août 1100, et fut appelé de la Jérusalem terrestre en la
céleste, pour y posséder une couronne éternelle. Son corps fut
inhumé en l'église du Saint-Sépulcre, sous le mont de Calvaire,
qui depuis, a été la sépulture des autres rois ses successeurs.
Henricus Rantzonius lui a fait cette épitaphe :

Omnibus Europæ lectis Heroibus oris
Nobile suscepi Jasonis instar opus
At mihi non Colchos non vellera divitis auri
Terra fuit votis sancta petita meis
Hanc validis armis Solimamque recepimus urbem
Quæ fuerat diro rapta sub hoste diu
Mœnibus insilui primus sublimibus urbis
Huic data cum Regno fulva corona mihi est
Urbe sed hac aurum Solima gestare recuso
Qua tulit occisus spinea serta Deus.

Voici ce qu'en dit le hierosolimitain de Nice, traduit de Sarrazin en Français :

Godefroy de Bouillon, qui était duc de Lorraine, conquit la sainte cité un jour de vendredi à heure de none, qui fut le 15 de juin 1099, et en fut élu roi par les barons et pèlerins, lequel ne voulut se couronner, parce qu'en la cité où il plut à Notre Seigneur porter la couronne d'épines le jour de sa passion, pour notre rédemption, il ne voulut la couronne d'or.

Baudouin, frère de Godefroy de Bouillon, lui succéda au royaume de Jérusalem et au duché de Lorraine. Guillaume de Tir, en son *Histoire de la Terre-Sainte*, livre 1er, chap. 9, dit que Baudouin fut sacré roi de Jérusalem l'an 1101, le jour de la Nativité de Jésus-Christ, en l'église de Bethléem, en présence du clergé et du peuple, et des princes du royaume; et que Godefroy, qui l'avait précédé, ne s'était voulu faire sacrer ni couronner par humilité. Paul Æmile raconte ses combats et victoires, et entre les bonnes villes conquises par lui, il prit sur les Turcs celles de Tripoli, de Syrie, d'Ascalon, de Césarée en la Palestine, Ptolémaïde, Bérithe et Sidon, et fit bâtir le fort de Montréal, outre le Jourdain en Arabie. Il mourut en Jérusalem sans enfants, l'an 1119, après avoir régné dix-neuf ans, tant en Lorraine qu'en Jérusalem : son tombeau est dans le temple de Jérusalem, proche de celui de son frère. Combien qu'Eustache ait été avec ses frères, Godefroy et Baudouin, en ladite expédition, les historiens n'en font presque aucune mention : Champier dit seulement qu'après la prise de Jérusalem, il s'en retourna en Lorraine, qu'il succéda à son père au comté de Boulogne, et qu'il eut une fille, nommée Mahault, laquelle fut mariée au roi d'Angleterre; quoiqu'il en soit, pendant le règne desdits Godefroy et Baudouin, Guillaume, baron de Joinville, leur autre frère, possédait ledit duché de Lorraine, en qualité de gouverneur seulement et au nom de ses dits frères; et par ainsi icelui étant mort avant Baudouin et Eustache, savoir, l'an 1118, il ne peut être mis au rang des ducs de Lorraine; mais après la mort dudit Baudouin, Eustache étant aussi mort avant lui, les enfants de Guillaume furent ducs de Lorraine, à l'exclusion de ladite Mahault, fille d'Eustache; si tant est qu'il eut une fille, comme dit Champier. Desdits enfants de Guillaume sont issus les autres ducs de Lorraine ensemble les barons de Joinville qui ont régné depuis, et qui sont encore à présent. Wassebourg et des Rosières rapportent le même et du Treille en sa *Généalogie des ducs de Lorraine*, en vers (1) :

_____

(1) Rappelons-nous qu'il s'agit de la Basse-Lorraine, et que la Haute-Lorraine, notre Lorraine, un moment réunie dans les mêmes mains, sous Gotbelon, fut de nou-

« Pendant que Godefroy et que Baudouin, frères, sont empêchés après les belliqueuses affaires qui rangent sous leurs lois les peuples Asiatiques, Guillaume est vice-duc chez les Austrasiens; » et par ses remarques au bas de ses vers, il est dit qu'il régna quatre ans, mourut l'an 1125, et qu'il est enterré à Joinville, ayant laissé, entre autres enfants, qu'il eut de Malthilde, fille de Gérard, duc de Mosellane, Théodoric ou Thiéry (1), qui fut duc de Lorraine après le décès de ses oncles, et Henry, qui assista Alphonse, roi de Castille, en la guerre qu'il avait contre les Mores en Espagne. *Le Théâtre du monde, ou nouvel Atlas*, en la description d'Espagne, et de Portugal, dit que le royaume de Portugal a pris son commencement de telle manière; ce que dit aussi Cassant, en ses *Recherches*, chapitre du royaume de Portugal, et Paul Æmile, en la *vie de Philippe-Auguste*. Henry, qu'en l'*Atlas* est appelé comte de Lorraine, et par Cassant, Henry de France, fils de Guillaume, seigneur de Joinville, s'étant porté fort vaillamment en la guerre contre les Mores en Espagne, Alphonse VI, roi de Castille, pour récompense de ses travaux, lui donna Thérésia, sa fille, en mariage, avec le pays de Portugal en titre de *comte*, qui, en après, fut érigé en duché; et comme Alphonse, fils de Henry, y eut vaincu en bataille rangée cinq rois mores, il fut élu et proclamé roi par l'armée, et porta le titre de *roi* en souvenance de cette victoire en laquelle ces cinq rois avaient été tués. Il prit pour armes de Portugal *cinq écussons d'azur, chacun chargé de six deniers d'argent*, en mémoire des trente deniers dont Notre Seigneur fut vendu : ce qui fut depuis confirmé par le pape Innocent III, et fut premier roi de Portugal, environ l'an de grâce 1110, et eut une lignée continuelle de successeurs jusques à Sébastien, lequel étant décédé à la guerre d'Afrique, la couronne de Portugal fut réunie à celle de Castille, au lieu qu'elle devait appartenir aux ducs de Lorraine, à cause dudit Henry, comme aussi les royaumes qu'il possédait de la Guinée, d'Éthiopie, d'Arabie, de Perse, des Indes, s'étant ledit Cassant mépris de soutenir qu'ils appartenaient à la feue reine Catherine de Médicis, comme descendue en droite ligne de la maison de Boulogne. De ce que dessus et de ce qui a été dit que depuis Charles de France, la plupart des ducs de Lorraine ont été enterrés à Verdun, ainsi qu'il est aussi

---

veau séparée et donnée par l'Empereur d'Allemagne, duquel les deux duchés relevaient, à un duc spécial, Albert d'Alsace. Quant à la Basse-Lorraine, après Godefroy de Bouillon elle passe à Henri de Limbourg, puis à Godefroy de Louvain, dont les successeurs prirent en 1190 le titre de Ducs de Lothier et de Brabant. L'existence de Guillaume de Joinville est très-problématique.

(1) Ici les divers systèmes se rapprochent. Notre auteur fait le duc Thierry, à partir duquel toute confusion cesse, petit-fils, par les femmes, d'un Gérard de Mosellane : la saine critique historique l'en fait venir en ligne masculine.

rapporté par Wassebourg, des Rosières et autres historiens lorrains, il vient à noter qu'iceux étaient duc de la Lorraine supérieure aussi bien que de la Lorraine inférieure, et que cette distinction de *haute* et *basse Lorraine inférieure* et *supérieure* n'était alors; mais bien qu'il y avait des ducs de Mosellane qui possédaient une partie de la Lorraine, qu'aucuns appellent à présent Lorraine supérieure : ce qui les peut avoir abusé, croyant qu'ils possédaient toute la haute et supérieure Lorraine, et leur fait dire que lesdits ducs n'étaient ducs que de la basse et inférieure Lorraine, et non de la haute et supérieure, comme pareillement de ce qui est rapporté par ledit du Treille, en ses *Notes en la vie de Thiéry*, que ledit Thiéry épousa Berthe, fille de Simon, duc de Mosellane; qu'il eut plusieurs enfants, entre autres, Simon, qui fut duc après lui; qu'il régna huit ans, mourut l'an 1133, et qu'il est enterré à Milieulac (1).

Il est donc constant que THÉODORIC ou THIÉRY, fils aîné de Guillaume, succéda à ses oncles au duché de Lorraine, quoiqu'aucuns ont voulu dire que ledit Thiéry n'était fils de Guillaume même; que ledit Guillaume est un nom supposé et imaginaire, et qu'Eustache n'a eu que trois enfants : Godefroy de Bouillon, Eustache et Baudouin, et non un quatrième nommé Guillaume. Lefebvre tâche de le prouver en son livre intitulé : *Considérations historiques*, page 245. Il avoue toutefois que les Français ont tellement donné les mains à l'opinion contraire, qu'il n'y a pas un lieu plus commun chez les écrivains français et parmi ceux qui parlent en public, lorsqu'ils veulent célébrer les louanges de la Maison de Lorraine, que d'alléguer la gloire des actions militaires de Godefroy de Bouillon, son voyage de la Terre-Sainte et la conquête du royaume de Jérusalem, comme étant le propre ouvrage de la Maison de Lorraine de laquelle ils disent qu'il était le chef et l'aîné; et néanmoins il veut soutenir que Thiéry ou Théodoric est fils de Gérard d'Alsace, qu'il qualifie *duc de Mosellane et de Lorraine*, d'une très-illustre maison; que la Lorraine, qu'il appelle la *haute Lorraine*, lui fut donnée par l'empereur Henry III, l'an 1048, et même que Godefroy de Bouillon ne possédait que ce qu'il appelle la *basse Lorraine*, qui est le pays de Brabant. Et, en effet, il y a eu un Gérard d'Alsace, duc de Mosellane, qui eut un fils nommé Thiéry, mais il y a près de cent ans à dire de celui-ci et de Thiéry, fils de Guillaume, ainsi qu'il est justifié par Wassebourg. Autres déri-

---

(1) Le lieu de sépulture de Thierry est incertain. Les uns nomment Châtenois, dont le prieuré avait été fondé par Hadwide, sa mère; les autres le prieuré de Notre-Dame de Nancy, alors simple château près d'une faible bourgade. Du Treille, cité par notre auteur, dit au lieu nommé par le duc lui-même *Medius lacus*, et où il avait fait bâtir un temple et un couvent. Mais où est ce *milieu* ou ce *moyen lac?*

vent la Maison de Lorraine des princes de Louvain, disant qu'après la mort de Godefroy de Bouillon, l'empereur Henry IV s'empara derechef du duché de Lorraine, et en investit Henry de Limbourg, et qu'après son décès, Henry V, son fils et empereur, priva dudit duché ledit Henry de Limbourg, et en fit donation à Guillaume de Louvain, fils de Henry, comte de Louvain, auquel Thiéry, son fils, succéda.

Vignier, en la préface de son *Traité de l'origine de la Maison de Lorraine*, dit que la Maison de Lorraine est une des plus illustres et des plus grandes du monde, mais aussi qu'il n'y a guère eu de maison dont l'origine ait été plus incertaine. « Quelques-uns, dit-il, la font descendre d'une même tige que celle de Flandres et de Namur, parce qu'elle y a été mêlée par beaucoup d'alliances, et que les princes de l'une ont été les seigneurs des autres; quelques-uns encore confondent cette maison avec celle des autres ducs de Lorraine qu'ils appellent *inférieure*, qu'on nomme aujourd'hui *Brabant* : la ressemblance du nom les ayant jetés dans cette erreur; d'autres la font sortir d'une même tige que celle de Luxembourg; d'autres la tirent de la maison de Boulogne et lui donnent le royaume de Jérusalem et couronnent ses allérions des palmes de la Palestine ; et d'autres la font sortir des rois de France. » Puis il conclut que la Maison d'Alsace se sépare comme une forte et grande rivière en deux grosses branches, dont l'une fait la Maison de Lorraine et l'autre celle de Hasbourg ou d'Autriche : celle de Lorraine par Eberard, celle de Hasbourg par Gontrant le Riche, tous deux enfants de Hugues, comte de Ferette et de Hildegarde. Mais quoiqu'en disent les uns et les autres, l'opinion la mieux reçue et autorisée (1) est que ce Théodoric ou Thiéry, duc de Lorraine, était fils de Guillaume de Boulogne, et que de lui sont descendus en ligne masculine les princes de Lorraine qui sont à présent, ainsi qu'il est dit ci-dessus, et que le rapportent Guillaume, archevêque de Tyr, livre 9, chap. 5 ; saint Anthonin, archevêque de Florence, en la seconde partie de son *Histoire*, titre 6, chap. 13 et 8, et autres; ce que font aussi Champier, Wassebourg, du Boulay, D'Aulcy, Paradin, des Rosières et *presque* tous les autres. Wassebourg, notamment, le prouve en la vie de l'évêque Henry, et que Thiéry, fils de Guillaume de Boulogne, succéda au duché de Lorraine après la mort de Baudouin son oncle ; ce qu'il fait aussi en la vie de l'évêque Versio. Et semble qu'il est assez justifié, en ce que les princes de Lorraine portent les armes de la maison de Godefroy de Bouillon, depuis ledit Thiéry son neveu,

---

(1) Sous Charles IV alors régnant; nous avons dit pourquoi. Mais ce système est aujourd'hui absolument condamné.

quoique Lefebvre, en ses *Considérations historiques*, page 257, dit que Godefroy de Bouillon ne portait autres armes que celles de la Maison d'Ardenne, qui étaient *de sable à un cerf d'or;* « possible, dit-il, à cause qu'étant comte d'Ardenne, il avait une forêt signalée où il y avait grand nombre de cerfs; » disant que c'est un conte fait à plaisir que Godefroy de Bouillon ait pris *trois allérions* en ses armes, pour avoir tué trois petits oiseaux, et qu'il pouvait bien prendre quelque chose de plus relevé, sa vie étant toute pleine de célèbres actions au rapport de Guillaume de Tyr, en son *Histoire de la guerre sainte*, livre 3, chap. 16 : L'ours qu'il tua n'ayant autre arme que son épée et étant fort débile de maladie, pour empêcher que cette bête féroce ne dévorât un passant; la couronne muraille qu'il gagna lorsqu'il monta le premier sur les murailles de la ville de Rome que l'armée de l'empereur Henry IV assiégeait; le grand coup d'épée qu'il donna à Rodolphe, duc de Suève, ennemi du même empereur, duquel il lui coupa la main droite qui avait aidé à son parjure, et qui lui causa la mort; et les prouesses d'éternelle recommandation qu'il montra au siége de Nice, d'Antioche, auquel siége il coupa un Turc armé d'un corselet par le travers du corps, et de Jérusalem, où il entra encore le premier; à quoi il ajoute que les *trois allérions* sont les pleines armes de la Maison de Lorraine, et que celles de Jérusalem, de Naples, Sicile, Hongrie, Aragon, Bar et Anjou, leur ont été fournies par René d'Anjou, duquel ils descendent, à cause de Yolande d'Anjou, sa fille.

THÉODORIC ou THIÉRY, duc de Lorraine, était tout martial comme sont et ont toujours été ceux de la Maison de Lorraine, et pour ce, il fut surnommé *le Vaillant;* mais aussi il était cruel et avait le cœur fort altier, n'épargnant les biens de ses sujets, non pas même ceux de l'Eglise pendant sa première jeunesse : *Ipsum Lotharingiæ chronographus prodidit principem in juventute ferocem fuisse, ac superbum, tirannice subditos ac Ecclssias opprimentem, ipsis quoque nobilibus gravem et intolerabilem, si quis pravis ejus inceptis et cupiditatibus adversarentur.* Toutefois, après avoir régné cinq ans, il changea de mœurs, et tout au contraire de Néron, qui ne fut bon prince que les cinq premières années de son règne, *cæpit colere virtutem, deum et Ecclesias venerari;* il fonda plusieurs monastères et vécut en l'un d'iceux en habit de religieux jusqu'à son décès, l'an 1132, laissant plusieurs enfants de Berthe (1), sa femme, fille de Simon, duc de Mosellane, comme dit est. *Le Théâtre du monde*, ou *Nouvel Atlas*, traité de Lorraine, dit que pendant son règne le Brabant fut séparé de la Lorraine.

---

(1) Il est avéré que Thierry Ier épousa Gertrude, fille de Robert le Frison, comte de Flandres, en 1080.

SIMON, fils aîné de Théodoric ou Thiéry, succéda audit duché de Lorraine, l'an 1132 que ledit son père se rendit religieux. *Theodorico patre monasticem amplexo.* Il fut aussi duc de Mosellane, mais à cause qu'il eut plusieurs enfants de Gertrude (1), sa femme, fille de Gérard, marquis de Saxe, et sœur de l'empereur Lothaire second, ce duché fut divisé en tant de portions, qu'il demeura comme éteint. Il mourut à Venise l'an 1141, retournant du voyage de la Terre-Sainte (Wassebourg et des Rosières) (2).

MATTHIEU, son fils aîné, lui succéda au duché de Lorraine l'an 1141; aucuns ont écrit qu'il fut le premier entre les ducs de Lorraine qui porta le nom de *marquis*, titre à lui donné par l'empereur Barberousse duquel il avait épousé la fille, et qui signifie autant comme lieutenant ou gouverneur pour l'empereur, ès marches, et extrémités des pays de l'empire. Lefebvre, en ses *Considérations historiques*, page 310, dit que les anciens chroniqueurs entendent par le mot de *marche* une frontière, et par celui de *marchis* ou *marquis* celui qui en avait le gouvernement; et que le terme de *marchis* ou *marquis* vient de ce mot de *marche* qui signifie *limite* ou *frontière*, et que de là sont venus les droits royaux ou domaniaux appelés du *marque* et *contrema que*, levés seulement aux frontières du royaume. Le président Franchet, en son *Traité de l'origine des dignités et magistrats de France*, semble vouloir suivre l'opinion du jurisconsulte Alciat, en son livre *de duello*, qui soutient que le terme de *marchio*, qui signifie *marchis* ou *marquis*, vient du mot de MARK, qui veut dire *cheval* en langue germanique; et ainsi marchis ou marquis serait un chevalier ou un capitaine de cavalerie; d'où Franchet prétend que *maréchal*, qui est la première dignité de la guerre après celle de connétable serait aussi dérivé. Ledit Mathieu fonda les abbayes de Clairlieu et de Senones, et mourut l'an 1176, laissant plusieurs enfants de Berthe, sa femme, fille de l'empereur Barberousse; il est enterré à Clairlieu.

SIMON, second du nom, fils aîné de Matthieu, lui succéda au duché de Lorraine l'an 1176. Prince très-aimé de ses sujets à cause principalement de sa grande douceur, et que durant trente et un ans qu'il tint le duché, il le gouverna paisiblement et dans le calme du repos de la paix; il fit aussi de grands biens à l'Eglise, signamment au monastère de Beaupré en Lorraine. Il eut pour femme Agnès (3), fille de Godefroy, comte de Namur, de laquelle il eut plusieurs enfants qui moururent tous avant lui,

1 Elle est plus connue sous le nom d'Adélaïde.
(2) Simon, 1115-1139, mourut et fut enterré à Stulzbronn, abbaye qu'il avait fondée. Le voyage en Terre-Sainte paraît être sorti de l'imagination trop féconde du P. d'Aulcy.
(3) Les historiens modernes disent Ida, fille de Gérard, comte de Mâcon.

et pour ce le duché de Lorraine vint à son frère Ferry ou Frédéric. Il mourut religieux à Lutzelbourg, qu'il avait fondé, l'an 1207, ayant régné 32 ans.

FRÉDÉRIC, ou FERRY (1), son frère, lui succéda audit duché l'an 1207; il était déjà avancé en âge, et néanmoins il assista Philippe à des grandes guerres contre Othon, qui se débattait pour l'Empire; mais il fut si malheureux contre l'archevêque de Trèves, qu'icelui le prit prisonnier et son fils, et le contraignit de donner, entre autres, le château de Sigisbert, pour être en liberté. Wassebourg dit toutefois qu'il entretint son pays en bonne paix, ainsi qu'avait fait son frère Simon; et qu'encore que de son temps il y avait de grandes guerres ès royaumes de France et d'Angleterre, même en l'Empire, il se maintint néanmoins en une neutralité avec eux tous, parce qu'il était allié à tous. Il gagna l'amitié de Frédéric II, empereur, et fut cause qu'il se trouva à Vaucouleurs, comme aussi Philippe-Auguste, roi de France, pour vider les difficultés qu'ils avaient ensemble. Il eut deux femmes (2), la première nommée Agnès, fille de Thiébaut, comte de Brie, de laquelle il eut plusieurs enfants · Thiébaut, qui fut duc de Lorraine après lui; Mathieu, comte de Vienne, Regnault, comte de Castre; Frédéric, archidiacre de Cologne; et Catherine, femme d'Othon, comte palatin. La seconde fut aussi appelée Agnès, fille de Thiébaut, comte de Bar, de laquelle il eut Jacques, évêque de Metz, et une fille nommée Anne, qui fut mariée à Albert, comte de Hasbourg. Il mourut l'an 1213, après avoir régné 6 ou 7 ans, et est enterré à Stulzbrune.

THIÉBAUT, son fils aîné, lui succéda au duché de Lorraine, l'an 1213; il fut tué à la bataille de Bouvines, et au témoignage d'un manuscrit du temps, il y fit autant de prouesses que chevalier en fit onques (3). Il fit de grands biens à l'Eglise, fonda l'hôpital de Nancy et celui d'Amance, et eut pour femme Catherine, fille d'Albert, comte d'Hasbourg (*lisez* Dabsbourg) et de Metz, et prit le titre d'Hasbourg et fut comte de Metz, à cause d'elle. Il mourut sans enfants et est enterré à Stulzbrune, l'an 1219, après avoir régné sept ans.

---

(1) Le chroniqueur confond ici deux Ferri : le père Ferri Ier seigneur de Bitche, 1205-1207, et le fils Ferri II, 1207-1213, probablement associé au gouvernement par son père dès 1206. Ce dernier prit parti pour Frédéric II de Souabe contre Othon IV, son compétiteur à l'empire, et assista à la conférence de Vaucouleurs.

(2) Les historiens modernes ne donnent à Ferri qu'une femme, Agnès, fille de Thiébaut Ier, comte de Bar : ils sont aussi en désaccord sur le nombre et le nom des enfants.

(3) Thiébaut combattait à Bouvines dans les rangs des Allemands, tandis que Henri II, comte de Bar, s'y distinguait à côté de Philippe-Auguste. Thiébaut n'y fut pas tué, mais il mourut en 1220.

MATTHIEU, son frère, second du nom, lui succéda audit duché de Lorraine. Il assista Louis, roi de France, en ses guerres contre les hérétiques Albigeois, et les défit. Il était grand guerrier. Il fut chercher la guerre en la Terre-Sainte, et pour ce il fut surnommé *de Jérusalem*; comme dit de Treille en ses vers des *ducs d'Austrasie*; il fit de grands biens à l'Eglise, notamment à Clairlieu et Senones. Il eut trois femmes : Agnès (1), fille d'Othon, duc de Bavière; Catherine, fille de Conrard, duc de Luxembourg, et Lecdonuille, fille de Mietzlans, roi de Pologne; il régna 30 ans, mourut en 1250, et est enterré à Stulzbrune (*Sturtzebrunnæ sepultus*).

FRÉDÉRIC, ou FERRY, son fils aîné, IIe du nom (*lisez* IIIe), lui succéda audit duché de Lorraine. Il était prince doux et humain, et qui augmenta de beaucoup de biens les églises que ses prédécesseurs avaient fondées. Il eut toutefois guerre contre Guillaume, évêque de Metz, qu'il prit prisonnier; il suivit le parti du roi de France, tant sous Louis VIII que sous Philippe III et Philippe IV, appelé Philippe le Bel, contre les Anglais et contre Guillaume de Flandres. Il fut le défenseur de la race française et l'ennemi mortel de la gens hollandaise, dit de Treille en ses *Œuvres poétiques* des ducs d'Austrasie; il fit un voyage en Syrie pour la défense de la Terre-Sainte, et étant retourné en Lorraine, y pensant vivre en paix et en repos, la Noblesse qu'on appelle ancienne chevalerie, conspira contre lui, parce qu'il se mit à réformer le mauvais gouvernement de la justice de laquelle elle abusait. Etant à la chasse avec peu de gens, les principaux de la Noblesse, chefs de la conspiration, le surprirent à un détroit, et à l'insu de ses gens, le prirent et le menèrent prisonnier en la tour de Machéville, où ils le tinrent l'espace de trois ans, sans qu'on pût savoir où il était, et enfin, il en sortit par le moyen d'un recouvreur qui recouvrait ladite tour, qui le mit en liberté, ainsi que rapporte Wassebourg.

L'archidiacre des Rosières le dit en ces termes au tome V, chap. 77 : *Fredericus rebus magna gloria sic gestis in Lotharingiam reversus de nobilium moribus eorumque depravata consuetudine orationem et consilia habuit ediditque decreta quorum non nulli vitiis indulgentiores virtutemque Ducis abhorentes in eum conspirarunt. Quamobrem cum venatum iret cum paucis inceptus in castello Maxainvillano juxta Nanceanam urbem condito, posquam per contigua nemora multis giris circumductus esset ac si longius abesse multo se crederet, includitur, ibique tamdiu asservatur donec artificis tegularii qui cujusdam turris lectum sarcie-*

---

(1) Il n'en eut qu'une : Catherine, fille de Valéran duc de Limbourg, comte de Luxembourg : il en eut 4 enfants. Il se croisa, mais fut relevé de son vœu et n'alla pas en Terre-Sainte.

bat opere et industria detectus diram custodiam evaderet; liber vero factus de singulis meritam sumpsit ultionem eorumque castra et pallatia solo adæquavit.

De Treille, en ses *Vers poétiques des Ducs d'Austrasie*, le raconte en ces termes (traduction de Fr. Guibaudet) :

> « Par ses sujects remplis de perfide courage
> » Qui l'espioient cachez en un estroit bocage
> » Est vaincu et mené sur incertains chevaux
> » Par les bois du pays et . . . .
> » Et gardé au chasteau appellé Maxainville
> » Qui voisinoit Nancy sa capitale ville. »

En effet, il fit une grande recherche et punition des traîtres qui l'avaient emprisonné, confisquant leurs biens, et faisant raser leurs places et châteaux. Il mourut l'an 1303, après avoir régné 53 ans. Il est enterré à Beaupré. Il eut plusieurs enfants de sa femme Marguerite, fille de Thibaut, ou selon aucuns, de Sainctin, roi de Navarre et comte de Champagne, et d'Isabelle de France, fille du roi saint Louis.

THIÉBAUT, son fils, second du nom, lui succéda au duché de Lorraine, l'an 1303. Il suivit, à l'exemple de son père, le parti de France contre les Flamands qui le prirent prisonnier en une bataille que les Français perdirent près de Courtray (en 1302, Ferri III était encore vivant). Henry, comte de Vaudémont, lui ayant deux fois présenté la bataille, fut autant de fois vaincu. Leur querelle fut terminée par le mariage qu'il fit de sa sœur Isabeau avec Henry. Il mourut (des suites d'une maladie contractée) au siége que l'empereur Henry mit devant Florence, non sans soupçon de poison, l'an 1312, après avoir régné huit ans. Il fut contraint de prendre les armes pour réprimer les insolences des héritiers des traîtres qui avaient fait prisonnier le bon duc Ferry son père; fit aussi confisquer leurs biens et raser leurs places et châteaux. Par son entremise, le roi Philippe fit paix avec le comte de Flandres, et mit en liberté Robert, fils dudit comte. Il fut à Lyon avec Philippe au couronnement de Clément V. Il épousa Catherine, sœur de Robert, comte de Flandres, de laquelle il eut plusieurs enfants. (Thiébaut II épousa Isabelle de Rumigny en 1281.) Il est enterré à Beaupré.

FRÉDÉRIC, ou FERRY, IIIe du nom (*lisez IVe*), lui succéda au duché de Lorraine, l'an 1312. Il était doué d'une force extraordinaire, fort zélé au culte divin et à la religion, *robore et luctu supra cæteros excelluit, Dei et Religionis cultor, Ecclesiarum amator.* Il fut surnommé *le Lutteur.* Il assista son beau-frère Frédéric d'Autriche dans les guerres qu'il eut contre Louis, duc de Bavière. Renault de Bar, évêque de Metz; Edouard Ier, comte de Bar, son neveu; Jean de Sarrebruck et quelques autres lui ayant déclaré la guerre, il les combattit et les défit proche du château de Perney (Preny). Edouard et presque tous ses chevaliers y demeurèrent prisonniers, dit Vignier ; et par accord qu'il fit avec Edouard son fils aîné, Rodolphe ou Raoul épousa sa fille aînée ; il suivit aussi le parti de France ; contracta alliance avec Henry de Luxembourg, et joignit ses armes aux siennes ; et à l'exemple de ses prédécesseurs, il fit de grands biens à l'Eglise, principalement à Clairlieu et en l'abbaye de Beaupré. Il mourut l'an 1329, le jour du vendredi-saint, ayant régné 28 ans. Il eut quatre fils d'Isabelle d'Autriche, sa femme, fille d'Albert d'Autriche, empereur des Romains. Il assiégea Metz avec assez de malheur pour ce qu'il y fut battu et blessé. Vignier dit qu'il fut tué en une bataille en Flandre (1). Il est enterré à Beaupré.

RAOUL, ou RODOLPHE, son fils aîné, lui succéda au duché de Lorraine, l'an 1329. Il était un des plus accords et vaillants princes de son temps : *Corporis decore ac dignitate, morum comitatu ac mansuetudine, supra principes æquales gratiosus, audax et magnaminus, et in Dei et Ecclesiarum cultu valde propensus.* Il fut nourri en la Cour de France avec Charles de Valois pendant le règne de Philippe le Long et de Charles le Beau, et étant de retour en Lorraine, après la mort de Philippe III, pour prendre possession du duché, il eut de grandes guerres contre Adamar, évêque de Metz. Vignier dit qu'il faudrait un volume pour décrire les belles et généreuses actions de ce prince. Il se trouva en toutes les guerres de son temps : il prit en Italie, Reggio et Modène ; il commandait l'aile droite en cette fameuse bataille de Gibraltar, où un nombre infini de Mores furent défaits ; il était en la bataille de Nantes, où le comte de Montfort demeura prisonnier, et finalement, il fut tué en la bataille de Crécy, en laquelle les Anglais eurent la victoire contre les Français, l'an 1346, après avoir régné 17 ans. Son corps fut trouvé au milieu de l'armée des Anglais. Il fit bâtir Château-Salins et l'église Saint-Georges de Nancy, et lui donna la sainte Epine de laquelle le roi de France lui avait fait présent. Il eut deux femmes : la première, Eléonor, fille d'Edouard, comte de Bar, de laquelle il eut deux fils qui moururent en puberté ; et trois de Marie de Blois, sa seconde femme, et quatre filles. Wassebourg dit qu'il n'eut qu'un seul fils de ladite Marie, nommé Jean, qui lui succéda au duché de Lorraine. Il est enterré à Beaupré. Cette Marie, qui était fille de Guy de Chastillon et de Marguerite de Valois, passa en secondes noces avec Frédéric, comte de Linange, qui, avec elle, fut tuteur de Jean, duc de Lorraine, et administrateur du duché.

(1) A Cassel.

JEAN, fils de Rodolphe, lui succéda au duché de Lorraine, l'an 1346, âgé seulement de neuf ans. Pendant son bas âge, Marie de Blois, sa mère, gouverna le duché comme dit est. Il se trouva à la bataille de Poitiers, où il fut prisonnier et blessé. Il entreprit le voyage de Prusse, et se trouva à la bataille de Hazeland; il ne retourna de cette occasion que pour assister son oncle, Charles de Blois, en la guerre qu'il avait contre le comte de Montfort; et étant en chemin pour aller assister Louis, duc d'Anjou, au voyage de Naples, il mourut à Paris l'an 1382, non sans soupçon que son secrétaire ne l'ait fait mourir de poison. Il avait épousé en premières noces Sophie, fille d'Eberard, comte de Vittemberg, en la ville de Stuttgard, de laquelle il eut Charles, qui lui succéda au duché de Lorraine; et Ferry ou Frédéric de Lorraine, comte de Vaudémont; et en secondes noces, Marguerite, comtesse de Chigny et de Lós, de laquelle il n'eut enfants. Il régna 37 ans. Il est enterré à Nancy, au chœur de Saint-Georges, église collégiale dudit Nancy.

CHARLES, son fils aîné, second du nom, lui succéda au duché de Lorraine, l'an 1382. Il employa le commencement de son règne à poursuivre et à faire justice de ceux qui avaient empoisonné son père. Il se trouva dans la bataille de Rosbecq, et au siége que Philippe, duc de Bourgogne, mit devant la ville de Gand. Il fut au siége de Tunis, en Afrique, mis par le duc Louis de Bourbon. De là il fut en Prusse, et dans un combat, il prit lui-même le roi de Lithuanie prisonnier, proche de Vilna. Il assista son beau-père, l'empereur Robert, au siége qu'il avait mis devant Francfort, ainsi que rapporte Vignier; lequel dit aussi que les comtes de Bar, de Juilliers, de Nassau, de Salm, et de Sarrebruck, l'étant venu attaquer avec une grosse armée jusque dans le cœur de ses Etats, il alla les recevoir avec peu de troupes, les combattit et défit, et prit prisonniers les principaux chefs de cette ligue. Il aima toute sa vie la musique et les musiciens et leur fit de grands biens. Il épousa Marguerite, fille de Robert de Bavière, comte palatin, qui fut empereur, par la privation de Venceslas, à cause de sa stupidité. Il fit bâtir et fonda la petite chapelle de Saint-Georges à Nancy et y voulut être inhumé. Il ne laissa que deux filles: Catherine, qui fut mariée à Jacques, marquis de Bade, duquel mariage sont sortis les marquis de Bade qui sont à présent; et Isabeau qui fut mariée à René d'Anjou, arrière-neveu de Louis, évêque de Verdun et duc de Bar. Il mourut l'an 1430, ayant régné 49 ans. La duchesse Marguerite vécut encore quelques années après lui, en grande sainteté et austérité de vie au château de Sierck où elle se retira, et y fonda un hôtel-Dieu. Il est enterré à Nancy.

RENÉ D'ANJOU, fils puîné de Louis, duc d'Anjou, frère de

Louis III, roi de Naples, et d'Iolande d'Aragon, fille unique et seule héritière de Jean d'Aragon, fils aîné de Pierre, roi d'Aragon, et petit-fils de Louis, duc d'Anjou, premier du nom, fils puîné de Jean, roi de France. Ledit roi, premier du nom, aussi roi de Naples et de Sicile, par adoption de la reine Jeanne, fille aînée de Charles, roi de Sicile, voulut succéder audit Charles, duc de Lorraine, à cause d'Isabeau, sa femme, fille dudit Charles, au préjudice d'Anthoine, comte de Vaudémont, neveu dudit Charles. Louis, évêque de Verdun, avait adopté ledit René au duché de Bar, l'an 1419, et pour terminer les guerres qui avaient été entre les ducs de Lorraine et de Bar, il s'avisa de rechercher le mariage pour ledit René, son neveu, lequel fut accordé, l'an 1420, à charge que les deux duchés seront perpétuellement conjoints et unis en la maison d'un seul prince, fils aîné ou ayant les droits de l'aîné en la maison de Lorraine, ainsi que rapportent Bire et Aimond du Boulay. Et ensuite Lefebvre, en ses *Considérations historiques*, p. 1re et suiv., dit que le duché de Bar est possédé depuis deux cents ans et plus, conjointement avec le duché de Lorraine par un même seigneur et prince, et que les deux duchés sont tellement joints et enclavés l'un dans l'autre, qu'il est presque impossible que leurs intérêts ne soient devenus communs.

Charles voyant que de tous ses enfants il ne lui restait que deux filles : Catherine, mariée au marquis de Bade, comme dit est, et Isabeau; et que ledit Louis avait adopté et déclaré son héritier au duché de Bar, René, son neveu, et le poursuivait pour joindre ensemble ces deux duchés de Lorraine et de Bar, qui avaient toujours été en querelles et en guerre, par le mariage dudit René avec ladite Isabeau, et en faisant ledit René successeur audit duché de Lorraine, à cause de ladite Isabeau, aussi bien qu'il l'avait fait son successeur audit duché de Bar, se laissa porter à violenter les lois de son Etat pour acquiescer à celles de la nature, et aux prières que lui en faisait ledit Louis. Il fit assembler ses Etats le 13 de novembre 1425, et fit promettre à tous ses sujets, même par serment, de ne reconnaître autre souverain, après son décès, que ledit René, à cause de ladite Isabeau sa fille, lequel il déclara son successeur audit duché de Lorraine, et le 13e du mois de décembre suivant, il prit attestation des principaux seigneurs du pays, au rapport de Vignier, et qui portent leur nullité et contredit, par ce qu'est dit et justifié ci-dessus, que l'ancienne coutume de Lorraine était et qui s'est toujours pratiquée, que faute d'hoirs mâles, les filles succèdent à l'exclusion des oncles et descendants d'iceux. Et de quoi aussi il n'est coté aucuns exemples par lesdites attestations; et en vertu de ce, ledit René se saisit dudit duché aussitôt après la mort de

Charles, son beau-père, qui mourut le 24 du mois de janvier 1430, quatre ou cinq mois avant ledit Louis. Mais Anthoine de Vaudémont, fils de Frédéric ou Ferry, prétendant que ledit duché lui appartenait légitimement, à cause qu'il restait seul de la lignée masculine du sang de Charles, décédé sans hoirs mâles, et qu'il devait être préféré à Isabeau, sa cousine, fille dudit Charles et femme dudit René, prit les armes pleines et se nomma *duc de Lorraine*; et à l'aide du duc de Bourgogne, il donna au duc René la bataille tant renommée, entre Neufchâtel et Bulgnéville, le lundi de juillet, qu'on appelle la *bataille de Bulgnéville*, en laquelle ledit René fut vaincu, pris prisonnier et mené à Dijon, entre les mains du duc Philippe de Bourgogne, lequel néanmoins ne voulut prendre la charge de leur différend; il dissimula l'affaire et se contenta de faire son profit de l'emprisonnement dudit René, par les causes qu'en rapporte Wassebourg au 7e livre des *Antiquités de la Gaule-Belgique*, page 482, donnant avis audit Anthoine de s'en remettre à l'empereur Sigismond, qui devait assister au concile de Bâle, l'an 1434; et ensuite il soutient, avec quelques autres historiens, que ledit René et Anthoine s'étant transportés à Bâle, et que leurs difficultés y ayant été discutées et débattues en présence dudit empereur, ledit duché de Lorraine fut adjugé audit René, à cause de ladite Isabeau sa femme; mais ce jugement, que Vignier rapporte avoir été sur ce rendu ne le porte point : il porte seulement que l'empereur Sigismond ayant trouvé René en la possession du duché, il l'en investit sans préjudice dudit comte de Vaudémont et sauf ses droits. Voici les termes : *Decrevit illustrissimum principem Dominum ducem Barrensem quem possessorem reperit de regalibus ducatus Lotharingiœ investire, sine tamen prœjudicio dicti comitis Vademontis ejusque juribus semper salvis*; mais Vignier dit que ce jugement est tiré des archives de Lorraine. Il n'est pas néanmoins sans soupçon qu'il ne soit supposé; vu qu'aucun autre que lui n'en a fait mention; que si ce jugement eût vidé la difficulté des parties, elles n'en fussent depuis venues à un accord, comme il sera dit ci-après, outre que ledit Anthoine était fondé sur le droit inviolable du pays, suivant lequel la succession de Lorraine a été de tout temps et doit être réglée à la loi salique, qui rejette les filles comme incapables de succéder aux principautés souveraines, et qui détruit le motif que Remy en donne au commencement de son livre *des choses advenuës en Lorraine*, que, par les us et coutumes des fiefs, on doit régler le fief dominant aux lois et conditions de fief servant, ce que même n'est pas approuvé des docteurs mieux sensés; et de là aussi il s'en suivrait que les fiefs étant la plupart féminins en France, la loi salique n'y pouvait avoir lieu; outre qu'il est présumé que le livre est supposé, en ce qu'au commencement d'icelui il qualifie Anthoine de Vaudémont frère de Charles : Remy, comme procureur général de Lorraine, n'ayant pu ignorer qu'Anthoine de Vaudémont n'était que neveu, et non pas frère de Charles, et que Ferry, premier du nom, père d'Anthoine, était frère de Charles. Il est aussi en tout cas présumé que ce qu'il en a écrit a été en faveur et pour complaire au duc Henry, que soit en gloire qui n'avait que deux filles, l'aînée desquelles il voulait faire régner au préjudice de Monsr de Vaudémont, son frère, tant sans faut qu'on doive ajouter plus de foi à son livre à cause qu'il était Lorrain et procureur général de Lorraine : mais si on se veut arrêter par ce qu'en a écrit Bodin, au livre Ier de sa *République*, chap. 9, lequel étant Angevin, est aussi présumé avoir plutôt écrit en faveur du duc René, son prince souverain. Il dit que cette difficulté fut terminée au concile de Constance, comme plusieurs ont aussi écrit, et non en celui de Bâle ; et qu'audit concile, Ferry, comte de Vaudémont, fils dudit Anthoine, soutenait que ledit duché de Lorraine était un fief d'Empire qui n'était dû qu'aux mâles, et qui l'emporta à la faveur de Sigismond, empereur, contre René d'Anjou ; mais que depuis ils demeurèrent d'accord que René en jouirait, à charge que Ferry épouserait sa fille Yolande, et que si René décédait sans mâles, le duché retournerait en la maison de Vaudémont, comme il est arrivé. La vérité est, que pendant que René était prisonnier du duc de Bourgogne à Dijon, en sa longue détention, Louis d'Anjou, 5e du nom, roi de Naples, son frère, mourut sans hoirs, par la mort duquel ledit René succéda audit royaume, en suite de l'ordre que Martin V, pape, par l'avis des cardinaux, avait mis en la succession dudit royaume, ainsi qu'il est rapporté par Platine, en la vie dudit pape Martin : comme aussi ès comtés d'Anjou et Provence, ce qui fit entreprendre à Madame Isabeau de Lorraine, sa femme, le voyage de Naples, étant princesse d'un courage viril et martial ; où elle se rendit sur les galères génevoises, et fut couronnée reine dudit royaume de Naples : ce qui fut cause aussi que Ferry, comte de Vaudémont, reconnaissant que René entrait dans une grande puissance, qu'il était proche parent du roi de France et bien venu de lui pour l'avoir assisté contre les Anglais, et que lui, au contraire, était mal avec lui pour avoir tenu le parti des Anglais et de Bourgogne contre lui : et d'ailleurs qu'étant arrivé de grandes affaires au duc de Bourgogne, il ne pouvait plus l'assister comme il avait fait, il fut contraint de céder au temps et de déférer à l'empereur Sigismond, qui l'obligea à laisser jouir ledit duc René dudit duché de Lorraine, à charge toutefois de payer pour sa rançon deux cent mille écus, de bailler la seigneurie de Châtel audit duc de Bourgogne, et de donner en mariage Yolande, sa fille aînée, à Ferry, fils d'Anthoine; et qu'où les mâles cesseraient à la maison d'Anjou, lesdits duchés de Lorraine et de Bar retourneraient à Ferry et à ses hoirs mâles. Et de quoi Wassebourg, et de Bire, en ses *Alliances de la Maison de Lorraine*, disent faire foi le traité de mariage d'entre ledit Ferry et ladite Yolande. René eut de ladite Isabeau, sa femme, Jean, qui fut duc de Lorraine, Louis, marquis du Pont, Marguerite, qui fut mariée à Henri VI, roi d'Angleterre, et Yolande, qui fut mariée à Ferry, comte de Vaudémont. Il régna 28 ans, et mourut l'an 1470. Il est enterré à Saint-Maurice d'Angers.

Isabeau, sa femme, étant décédée l'an 1452, JEAN, fils de René et d'Isabeau, lui succéda ès duchés de Lorraine et de Bar (1). Il épousa Marie, fille de Charles de Bourbon, qui mourut en ses couches l'an 1448. Il entreprit le voyage de Naples, étant appelé par le pape Calixte et par plusieurs princes d'Italie, contre Ferdinand, lequel il vainquit, et néanmoins il fut délaissé par ceux qui l'avaient appelé, et contraint de retourner en Lorraine. Il fit alliance avec les princes de France pour la conjuration du *Bien public* contre Louis XI, et en après, il fit un autre voyage en Italie en intention de chasser le roi d'Aragon du royaume de Naples. Il mourut en Catalogne l'an 1480, son père étant encore vivant, et est enterré à Barcelonne. En cette même année, comme écrit Champier, mourut aussi Ferry de Lorraine, son beau-frère, qui était lieutenant de ses armées au pays de Catalogne, et après l'avoir conquis par ses armes.

NICOLAS D'ANJOU, son fils, fut duc de Lorraine après lui, âgé seulement de 22 ans. Anne, fille de Louis, roi de France, et Marie, fille de Charles, duc de Bourgogne, lui avaient été promises en mariage; mais il n'épousa ni l'une ni l'autre. Il ne régna que trois ans et mourut l'an 1473 Il est enterré à Nancy, à l'église de Saint-Georges. Par ainsi le duché de Lorraine ne demeura en la maison d'Anjou que dix-neuf ans; et que vingt-quatre ans en celle de René, à cause de ladite Isabeau (2) : car la mort dudit Nicolas remit le sceptre et la couronne ducale de Lorraine entre les vrais et légitimes princes; René de Lorraine, fils de Ferry, comte de Vaudémont, et d'Yolande d'Anjou, fille de René, premier du nom, ayant succédé à Jean au duché de Lorraine suivant l'accord fait avec Anthoine, comte de Vaudémont, et le traité de mariage d'entre ledit Ferry et Yolande; et non par ces-

---

(1) Le duc Jean, 1453-1470, gouverna la Lorraine après la mort d'Isabelle sa mère. René Ier d'Anjou, en lui cédant ce duché, garda jusqu'à sa mort (1480) celui de Bar. Les deux duchés furent alors réunis par René II et pour ne plus être séparés.

(2) La période Angevine a duré 42 ans, de 1431 à 1473.

sion que ladite Yolande, sa mère, lui ait faite de son droit quoiqu'en ait écrit Remy. *Et verè Fredericus, inquit Cæsar Nostrada-
mus parle 6ª Aº 1447, jus et causam habebat ad avorum ducá-
tum, quippè qui directa linea ortum ducebat ab antiquis et legitimis
Lotharingiæ ducibus, quorum dictiones a primis ejus perillustris et
regalis domus principibus in colum delapsæ non fuerant, preter quam
in isto Renato qui per Isabellam uxorem suam Caroli secundi ducis
filiam se declaravit et aliquo tempore vindicavit in hæredem et dominum ducatus. Carolus Stephanus in hist. Lothar. Lotharienses, inquit, Iolandæ* (Iolandam) *Renati matrem ad gubernandum admittere
noluerunt.* Wassebourg, livre 7, feuillet 515, et Champier, livre 3,
chap. 2, disent le même ; et que les gentilshommes et nobles de
Lorraine, après avoir tenu les Etats du pays, rapportèrent qu'il
fallait avoir un prince et n'être gouverné par une femme. L'archidiacre des Rosières le dit encore plus expressément par ces
mots : *Iolandæ vero suscepti ducatus initio Lotharingiæ principes,
muliebre Imperium detractantes, quævis sinistra machinabantur,
nec cessarunt donec Renatus filius jura capesceret.* Après que René,
duc de Lorraine, eut défait les Bourguignons, comme sera dit
ci-après, le vieil René lui envoya dire qu'il le ferait héritier de
toutes ses terres s'il voulait quitter le nom et les armes de Lorraine et prendre celles d'Anjou ; de quoi s'étant excusé, et pour
le contenter, lui fit offre de porter ses armes mi-partie d'Anjou
et de Lorraine, et de faire mettre en liberté madame Marguerite
sa fille, veuve de Henry VI, roi d'Angleterre, laquelle Edouard IV
détenait prisonnière, après avoir fait mourir Richard son fils. Le
vieil René indigné de ce refus, laissa sa succession à Charles
d'Anjou, comte du Maine, son neveu. Vignier rapporte son pré-
tendu testament du 26 juillet 1474.

RENÉ, duc de Lorraine, fils de Ferry, comte de Vaudémont,
et d'Yolande. Ce prince éprouva au commencement de son règne
tous les plus grands accidents que la fortune peut faire souffrir
aux personnes de sa condition. Il prit le parti de Louis XI, roi
de France, contre Charles, duc de Bourgogne, dont les vastes
desseins envahissaient toute l'Europe, et lui déclara la guerre,
à l'induction dudit, Louis se servant de la chaleur et de la
générosité de ce jeune prince, et pour mieux l'attirer dans son
parti dans l'appréhension qu'il avait qu'il ne s'alliât avec ledit
duc, il lui fit entendre que René d'Anjou, son aïeul, le voulait
déshériter et instituer ledit duc son héritier ès pays de Provence,
qu'il l'en empêcherait bien et lui conserverait toute la succession
de son aïeul ; mais il ne reçut dudit Louis XI que des disgrâces
et ingratitudes, et n'eut assistance que de Dieu, des gens de son
pays et des Suisses ses alliés. Ledit duc de Bourgogne irrité de
ce qu'il lui avait dénoncé la guerre, tourna toutes se armes

contre la Lorraine qu'il prit facilement, même la ville de Nancy, capitale du duché, et contraignit ledit duc René de se retirer vers les Suisses et rechercher leur secours, avec lesquels il fut à la journée de Granson, et depuis défendit si valeureusement son pays contre ledit duc de Bourgogne, qu'il gagna la bataille devant Nancy, où le duc de Bourgogne fut tué, au mois de janvier 1477. Son corps reconnu fut porté à Nancy et inhumé en l'église de Saint-Georges très-honorablement. René demeura paisible en son duché. Il mourut l'an 1508, ayant régné 36 ans; il est enterré aux Cordeliers de Nancy. Il avait épousé en premières noces Mademoiselle Jeanne, fille de Guillaume, comte de Tancarville, qu'il répudia par autorité apostolique à cause de sa stérilité, ainsi que le rapportent Vignier, de Treille et autres. Wasselbourg dit qu'il la répudia par congé et permission du Saint-Siège Apostolique, parce qu'elle était si petite et contrefaite, que les médecins la jugèrent indisposée à porter enfants et d'avoir la connaissance d'homme; puis il épousa Mademoiselle Philippe, fille d'Adolphe, duc de Gueldres, de laquelle il eut douze enfants : sept desquels moururent en puberté, et les cinq autres furent Anthoine, né à Bar le 3 juin 1489, qui lui succéda au duché de Lorraine et de Bar; Claude, duc de Guise et pair de France, gouverneur de Champagne et de Bourgogne, né à Bar le 20 octobre 1496; Jean, évêque de Metz et cardinal de Lorraine du titre de Saint-Onulphe, né à Bar le 9 avril 1498; Louis, évêque de Verdun, et depuis comte de Vaudémont, qui mourut au voyage de Naples, né à Bar le 5 avril 1500, et François, comte de Lambesc et d'Oignon, né à Bar le jour de saint-Jean-Baptiste 1506, lequel mourut en la bataille de Pavie l'an 1524 (1525), où le roi François fut prisonnier. La duchesse sa veuve se rendit religieuse au couvent Sainte-Claire au Pont-à-Mousson, où elle vécut l'espace de 27 ans et dix semaines avec une telle austérité de vie et sainteté de mœurs, qu'elle outrepassa même l'étroite et dernière observance de son Ordre, quoiqu'elle soit plus étroite qu'aucune autre. Et non-seulement le roi Louis XI reconnut mal de si signalés services que le duc René lui avait rendus, lui ôtant du monde son plus grand ennemi, il le fit, par ses artifices, déshériter par René d'Anjou son aïeul, sous prétexte qu'il avait fait le refus de prendre le nom et les armes de la maison d'Anjou, comme il a été dit ci-dessus, et instituer héritier ès comtés de Provence et duché d'Anjou, son neveu, Charles d'Anjou, comte du Maine, fils de Charles d'Anjou, frère du roi René, sous promesse que ledit Charles du Maine, qui n'avait point d'enfants mâles, lui fit de lui céder ses droits; ayant été facile d'ainsi le persuader et induire en son extrême vieillesse, par le ressouvenir qu'il n'avait sujet d'aimer le côté maternel dudit duc, à cause qu'Anthoine,

comte de Vaudémont, lui avait fait la guerre et le fit prisonnier.
Ledit roi René étant mort à Aix en Provence, où il faisait sa
résidence, en l'an 1482, aussitôt que le roi Louis XI le sut, il
se saisit des pays d'Anjou et de Provence, en suite du traité
qu'il avait fait avec ledit Charles du Maine, qui mourut environ
ledit temps, et lequel l'avait aussi institué son héritier ; et non
content de ce, il se saisit encore du duché de Bar, alléguant,
ainsi que rapporte Wassebourg, que ledit René n'y pouvait rien
prétendre que du côté de sa femme, et que les filles ne pou-
vaient succéder au duché de Bar ; dequoi ledit duc René conçut
une telle indignation, qu'étant appelé des Vénisiens, il prit la
charge de général de leur armée contre les Ferrarais, lesquels
il défit. Après la mort de Louis XI, le pénultième jour d'août
1483, fut appelé par Charles VIII en ses guerres, et lui fut rendu
son duché de Bar, avec promesse de lui donner 36,000 francs
par an, en attendant qu'il fut jugé à qui devait appartenir la
Provence qui insistait aussi à ce qu'elle lui soit rendue comme
au vrai héritier du vieil René son aïeul, alléguant que ledit René n'avait pu le déshériter. Il y avait quelque raison à ce qu'on
lui répliquait qu'il ne pouvait rien prétendre au duché d'Anjou,
à cause qu'il y avait des mâles de la Maison d'Anjou, mais il n'y
en avait point du tout pour la Provence, qui était venue en la
Maison d'Anjou par le moyen d'une femme : combien que Lefebvre, en ses *Considérations historiques*, page 36, dit que le
vieil René, par son testament du 22 juillet 1475, avait institué
ledit Charles d'Anjou, son neveu, comte du Maine, son premier
principal et universel héritier, en tous ses royaumes, duchés,
marquisats, comtés, vicomtés, baronnies, dignités, seigneuries,
actions et raisons, tant\des successions qu'acquêts faits par ses
prédécesseurs et lui, excepté seulement ceux dont il avait disposé et dont il disposerait à son dernier jour ; qu'il donna le
duché de Bar à son petit-fils René II, duc de Lorraine, à la ré-
serve du marquisat du Pont-à-Mousson qu'il avait donné à Jean
d'Anjou, son fils naturel, et deux mille livres de rentes viagères
qu'il laissa par chacun an à Marguerite son autre fille ; et que ledit Charles n'ayant point d'enfants, il substitua ledit roi Louis
XI son héritier universel, après lui Charles, dauphin de France,
et tous leurs descendants rois de France. Par autre disposition du
10 décembre 1481, et en la page 9, il dit que le titre de *roi de
Jérusalem*, et les *croix* qu'on appelle *de Lorraine*, ne sont entrés
en la Maison de Lorraine qu'après que René d'Anjou, prince du
sang de France et du duc de Bar, eut épousé ladite Isabeau, qu'il
les portait à cause de sa qualité de roi de Sicile et de Naples
qu'il prenait, à laquelle était jointe celle de roi de Jérusalem,
depuis que l'empereur Frédéric II, roi de Sicile, eut épousé

Iola, fille et héritière de Jean de Brène (Brienne), roi de Jérusalem, environ l'an 1236, depuis lequel temps ceux qui ont possédé le royaume de Sicile ont porté le titre de *roi de Jérusalem* et en ont retenu les armes, qui sont *d'argent, à une croix potencée d'or, accompagnée de quatre croisettes de même.* Turpin, en son *Histoire de Naples et de Sicile*, livre Ier, titre 3 : Coquille, en son *Histoire de Nivernois*; Ch^r. S^{ti} Bertini, chap. 52, partie 3. Ledit René de Lorraine prit le parti de Madame de Beaujeu contre Louis, duc d'Orléans, auquel il donna un soufflet pour venger un démenti qu'il avait donné à ladite dame, et depuis, le duc d'Orléans étant roi de France, un de ses favoris l'en ayant fait ressouvenir, il lui repartit *qu'il n'appartenait à un duc d'Orléans qu'un roi de France vengeât ses injures.* Ledit duc René se préparait d'aller prendre possession des royaumes de Naples et de Sicile et du duché de Calabre, y étant appelé par tous les princes et seigneurs et par tous les Etats du pays; mais ledit Charles VIII l'en empêcha, et voulut lui-même faire le voyage pour conquérir lesdits royaumes et duchés, sur ce qu'aucuns de son conseil, notamment Brissonnet, depuis cardinal de Saint-Mâlo, lui firent entendre que lesdits royaumes de Naples et de Sicile lui appartenaient, comme aussi l'Anjou et la Provence, à cause du testament du roi René, et des donations de son neveu Charles d'Anjou, faites à Louis XI; de même il lui ôta la pension de trente-six mille livres qu'il tirait à cause de la Provence; et étant ledit duc René paisible ès duchés de Lorraine et de Bar, il passa le reste de sa vie en paix et en repos, très-aimé des siens et craint de ses voisins. Il s'avisa, en l'année 1506, deux ans avant sa mort, pour conserver et maintenir les deux duchés à ses successeurs, et empêcher qu'ils ne soient disjoints et possédés par deux divers princes, à la ruine et oppression des sujets, de faire un testament solennel et en la meilleure forme que faire se pourrait, par lequel il institue son fils aîné Anthoine pour son héritier ès deux duchés de Lorraine et de Bar, seul et pour le tout avec leurs appartenances, terres et seigneuries y comprises et enclavées, « attendu, dit-il par son dit testament, qu'outre
» nos deux duchés, nous avons autres terres et seigneuries, tant
» en France, Normandie, Picardie et Hainault qu'ailleurs pour
» ce suffisamment récompenser notre fils Claude, voulons et
» ordonnons, ainsi que l'instrument le désigne, qu'il y succède
» seul et pour le tout, sans que ses frères y puissent rien deman-
» der ni quereller. Et auxquels nos dits duchés entendons nom-
» mément être compris le marquisat du Pont et comté de Vau-
» démont, *Item*, voulons et ordonnons que si ledit Anthoine
» notre fils aîné, allait de vie à trépas sans laisser hoirs mâles
» procréés de son corps en féal mariage, en ce cas, notre fils

» Claude et ses hoirs mâles descendants en féal mariage soient
» ses successeurs et héritiers; et au contraire si ledit Claude
» décédait de ce siècle, sans laisser hoirs mâles procréés sem-
» blablement en féal mariage soient ses successeurs et héritiers
» ès terres et seigneuries dessus mentionnés. *Item*, que si lesdits
» Anthoine et Claude décédaient sans hoirs mâles procréés de
» leur corps en féal mariage, en ce cas voulons que le plus âgé de
» nos autres fils vivants qui ne seront en Ordre sacré ou profès
» en religion, et ses hoirs mâles descendants de son corps en féal
» mariage, soient successeurs et héritiers ès terres et seigneuries
» dessus dites, et en défaut de lui et de ses hoirs, voulons nos
» dits enfants et leurs hoirs mâles naturels et légitimes, succéder
» en la manière que dessus l'un à l'autre, en vertu du droit de
» substitution que faisons par ce présent notre testament, et en dé-
» faillance ès nos institués et substitués, voulons et entendons que
» nos dites terres, seigneuries et autres biens parviennent à nos
» autres hoirs et successeurs, selon les droits et coutumes du
» pays et lieux où icelles terres, seigneuries ou autres biens
» sont assis et situés. » Voilà les termes dont ce sage et considéré
prince se servit en la disposition de son hoirse. Ce testament est
rapporté tout au long par M. Chifflet, en son *Traité de la Lor-*
raine masculine, chap. 6. Ainsi, en France, les filles ne succèdent au royaume, tandis qu'il y a des hoirs mâles de la maison,
comme enseigne *Assessor Gallicus seu Anthonius Dominiq. contra*
Chifletium, cap. 4; *fœminarum successio, inquit, constituto jure in*
regno Franciæ nullius est momenti quamdiu antiqui Regum deces-
sorum stipitis est aliqua propago mascula : et cap. 60, *ad Exem-*
plum 4 de Pepino rege. docet fœminam a succesione regni pœnitus
removeri quamdiu proles mascula superest, sed hac deficiente non
prohiberi ut a fœminarum cognatione orti ad successionem vocen-
tur per iegem, si quidem mulier hœreditatem capere non potest,
verum ejus filii et nepotes paterno deficiente genere incapaces non
declarantur, cum impedimentum exstet in sexu non in maribus ex
eo genitis..........

Après la mort du duc René, la duchesse sa veuve ayant fait
convoquer les trois Etats de tous les deux duchés, pour avoir
leur avis et consentement sur son testament par acte solennel
du résultat de leur assemblée, ils déclarèrent, après l'avoir vu
et examiné, qu'ils en promettaient et juraient l'observation en
tous ses points et circonstances, statuant au surplus que désor-
mais il servirait de loi fondamentale à l'Etat, pour y être invio-
blement gardé; et non-seulement il a été reçu et approuvé par
lesdits Etats, mais qui plus est, il a été confirmé et ratifié par
Anthoine et Claude, institués par ledit testament, avec promesses
relatives de l'observation d'icelui, en l'an 1530, qui furent si

étroitement gardées, que ledit Claude, en l'an 1540, craignant que par le mariage d'Anne, fille dudit Anthoine, il ne fût fait quelque préjudice à cette substitution, fit protestation qu'au cas qu'il se ferait quelque chose en faveur dudit mariage au préjudice du droit qui lui était acquis et à ses hoirs mâles par ladite substitution, il serait nul et sans effet. Ladite protestation, ainsi par lui faite étant au château de Bar, par devant Baudoin et Baudeson, notaires, scellée et contre-scellée de celui de la prévôté de Vitry par Thiébaut Lutard, garde des sceaux de ladite prévôté, le 19 août dite année 1540, et rapportée plus au long par M. Chifflet, en son *Traité de la Lorraine masculine*, chap. 6, page 28.

ANTHOINE, premier du nom, fils-aîné de René, succéda aux duchés de Lorraine et de Bar, marquisat du Pont et comtés de Vaudémont et Blâmont, l'an 1508, et en l'an 1538, par la mort de Charles, duc de Gueldres, son oncle, au duché de Gueldres et comté de Zutphen. Il naquit l'an 1489, il fut élevé à la cour du roi Louis XII, le suivit en ses guerres, fit avec lui le voyage d'Italie et se trouva à la bataille d'Agnadel; il défit, à l'assistance de Claude de Guise, les luthériens qui s'étaient assemblés en Alsace en nombre de plus de 30 à 40,000, et qui voulaient passer en Lorraine et de là en France. Il épousa à Ambroise, l'an 1515, Renée de Bourbon, fille de Gilbert de Montpensier et de Claire de Gonzague, laquelle mourut l'an 1539. Il eut d'elle six enfants: trois qui moururent en bas âge; François, son aîné, lui succéda; Marie (Anne) fut mariée au prince d'Orange (1) et Nicolas fut évêque de Metz et de Verdun (2). Il mourut à Bar l'an 1544, après avoir régné 36 ans. Son corps fut porté et inhumé aux Cordeliers à Nancy. Il confirma, par une transaction rapportée par M. Chifflet en son *Traité de la Lorraine masculine*, chap. 7, le testament du duc René. Cette disposition de René en faveur des mâles ne fut pas un droit nouveau, ains une déclaration et confirmation de celui qui était déjà acquis par la loi salique, comme dit Cassan, en cas semblables, au livre Ier de la *Recherche des droits de la France*, ce qu'on peut dire aussi des filles qu'on suppose avoir renoncé aux prétentions qu'elles avaient ès dits duchés, et que cela s'est fait par une précaution plus grande, et pouvait aussi ledit René faire les institutions et substitutions portées par son testament en faveur des mâles, vu que lesdits duchés lui appartenaient pour les avoir reconquis par la force des armes; ainsi

(1) René de Châlons tué au siége de Saint-Dizier en 1544, dont le mausolée, œuvre de Ligier Richier, est dans l'église Sant-Etienne de Bar.

(2) Ensuite comte de Vaudémont et créé duc de Mercœur en 1569, Nicolas laissa 13 enfants de trois femmes. Il avait été nommé évêque sans avoir reçu les ordres, selon une déplorable coutume de ces temps.

Jacob, par son testament, laissant à ses enfants une terre qu'il avait conquise, dit qu'elle était sienne, et qu'il en pouvait disposer parce qu'il l'avait conquise par la force des armes ; ce que d'ailleurs il pouvait faire, étant resté seul de toute sa maison et par conséquent dans une pleine liberté d'imposer telle loi que bon lui semblerait en la succession de ses Etats, et pour autres raisons qu'en apporte Ciriacus, contr. 402, N. 1° *usque ad* 8um, et les auteurs par lui cités, et notamment Ancharanis en son Conseil 339, et lequel fait mention de plusieurs rois d'Aragon, qui ont par leur testament disposé du royaume d'Aragon en faveur des mâles et desquels les dispositions testamentaires ont été suivies et effectuées. Entre autres du roi Jean qui, à l'exclusion d'Yolande, sa fille, institua Martin, son frère, son héritier au royaume d'Aragon. *Exclusa, inquit, Yolanda filia instituit in regno Martinum fratrem et habuit effectum.* M. Chifflet en son *Traité de la Larraine masculine*, chapitre dernier : *Non statuit inquit Renatus legem usui contrariam, aut Lotharingiæ privilegiis; quinimo antiquissimam Imperii consuetudinem secutus est quam Renatus Andegarensis proprio commodo abrogare tentarat. Illud autem eo justius validiusque et sine cujusquam prejudicio pro suis posteris statuere poterat dux Renatus, quod ipse solus ex Lotharingica gente superesset adeoque universa Lotharingicæ domus jura masculina et fœminina etiam, si quæ essent, ex proprio capite unita possideret, quodque preterea ditionem suam a Carolo Burgundiæ duce occupatam vi armata recepisset sibique soli virtute propria quæsivisset, quo jure ipse tandem vellet ad posteros transmittendam.*

FRANÇOIS, fils aîné d'Anthoine, fut duc de Lorraine après lui, l'an 1554, et trois ans auparavant il avait épousé, au lieu de Nancy, Chrestienne, fille de Chrestien II, roi de Danemarck, et de Dorothée d'Autriche, sœur de l'empereur Charles V, et auparavant veuve de François Sforce, duc de Milan. Il fut le meilleur prince de son temps, aimant la paix, la vertu, le bien et repos de ses sujets ; mais il ne régna qu'un an : car, comme il allait aux bains à Plombières, l'apoplexie le surprit à Remiremont. Son corps fut porté à Nancy, pour être mis au tombeau de ses prédécesseurs. Agé de 28 ans, il ne laissa qu'un fils nommé Charles, et deux filles : Renée, qui épousa Guillaume de Bavière, et Dorothée, qui épousa Eric, duc de Brunswick.

CHARLES, troisième du nom, succéda audit François son père en tous ses états et seigneuries, âgé seulement de deux ans quatre mois, l'an 1545. Chrestienne sa mère fut sa tutrice à la direction de Nicolas (1), comte de Vaudémont, son oncle, suivant

---

(1) Evêque de Metz et de Verdun, qui résigna ses bénéfices ecclésiastiques et prit dès lors le titre de comte de Vaudémont, ainsi que nous venons de le dire.

l'intention et la disposition de son père. Le malheur du temps l'ayant engagé à suivre le parti des princes de Guise ses parents, il fit la guerre sur la frontière de Champagne, où il prit et ruina Villefranche ; il fut au siége de Marsal en personne, où il courut fortune de la vie : un boulet tiré de la ville ayant tué à son côté le sieur de Lenoncourt. Il avait épousé Claude de France, fille de Henry II, et de Catherine de Médicis. Il purgea son pays d'hérétiques, institua l'Université au collége des Pères Jésuites du Pont-à-Mousson, fit bâtir la ville neuve de Nancy, et mourut le 14 mai 1608, ayant été duc soixante ans. Il eut plusieurs enfants de Madame Claude de France, sa femme : Henry, qui naquit l'an 1563, et fut duc de Lorraine après lui. Charles, qui naquit l'an 1567, et fut évêque de Metz, de Strasbourg et de Verdun et cardinal-légat ; Chrestienne, mariée à Ferdinand de Médicis, grand-duc de Toscane ; Antoinette, au duc de Clèves et de Juliers ; Catherine, qui fut abbesse de Remiremont, morte à Paris l'an 1648 ; Elisabeth, qui fut mariée à Maximilien, duc de Bavière ; François, comte de Vaudémont, qui naquit l'an 1572, et épousa Chrestienne de Salm, fille unique et héritière de Paul, comte de Salm, et de Marie le Veneur ; Claude et Anne moururent jeunes.

HENRY, fils aîné de Charles, lui succéda aux duchés de Lorraine et de Bar, etc. Il épousa Catherine de Bourbon, sœur du roi Henry IV, et fille d'Anthoine de Bourbon et de Jeanne d'Albret, roi et reine de Navarre, de laquelle il n'eut aucun enfant, et en secondes noces, Marguerite de Gonzague, fille de Vincent, duc de Mantoue, de laquelle il eut Nicolle, qui fut mariée à Charles, son cousin-germain, fils de François (1), comte de Vaudémont ; et Claude, qui fut mariée à Nicolas-François de Lorraine, frère dudit Charles, qui, à ce sujet, quitta le cardinalat.

FRANÇOIS, comte de Vaudémont, fut duc de Lorraine après la mort de Henry, son frère, et incontinent après, le 26 novembre 1625, il céda son droit à CHARLES, son fils, en présence des principaux de son Etat, qu'il fit convoquer à cet effet ; et en vertu de ce, le 4 mars suivant, celui-ci fit son entrée à Nancy, suivi de toute sa noblesse et avec grand triomphe, et prit possession du duché ; et le jour suivant, les Etats étant assemblés, ils le reconnurent duc de Lorraine de son chef et pour leur prince naturel et légitime, ainsi qu'il est plus amplement déduit par M. Chifflet, en son *Traité de la Lorraine masculine*, chap. 8 et dernier.

FIN DU MANUSCRIT.

_____

(1) Troisième fils de Charles III.

Bar, Typ. Contant-Laguerre.